中南民族大学民族学文库

王振威 著

村际关系与地域社会的整合：
基于三个黎族村落的调查

中国社会科学出版社

图书在版编目（CIP）数据

村际关系与地域社会的整合：基于三个黎族村落的调查／王振威著．—北京：中国社会科学出版社，2018.12

（中南民族大学民族学文库）

ISBN 978-7-5203-3010-7

Ⅰ.①村… Ⅱ.①王… Ⅲ.①黎族—村落文化—社会分析—调查研究—中国 Ⅳ.①K288.1

中国版本图书馆 CIP 数据核字（2018）第 186193 号

出 版 人	赵剑英
责任编辑	王莎莎
责任校对	张爱华
责任印制	张雪娇

出　　版	中国社会科学出版社
社　　址	北京鼓楼西大街甲 158 号
邮　　编	100720
网　　址	http://www.csspw.cn
发 行 部	010-84083685
门 市 部	010-84029450
经　　销	新华书店及其他书店
印　　刷	北京君升印刷有限公司
装　　订	廊坊市广阳区广增装订厂
版　　次	2018 年 12 月第 1 版
印　　次	2018 年 12 月第 1 次印刷
开　　本	710×1000　1/16
印　　张	12.5
插　　页	6
字　　数	201 千字
定　　价	58.00 元

凡购买中国社会科学出版社图书，如有质量问题请与本社营销中心联系调换
电话：010-84083683
版权所有　侵权必究

田野调查部分图片

南门村全貌

什守村一角

为数不多的茅草房

南打村在丧葬仪式上使用的冥币

南打村民居上的各种避邪物

准媳妇在未来婆家举行"捡螺"仪式

准媳妇和未来的小姑子一起"干工"

火烧稻田

传统的杀牛方式

丧事时的洗头仪式

南门的女儿们回娘家参加"欢乐酒"仪式

前往南打村参加酒席的路上

小女儿跟随母亲前往舅舅村落聚会

笔者参加小孩满月酒会喝醉

"狗肉宴"

客人的"随礼"

刚刚抵达宴会举办地的客人

"欢乐酒"开始前的准备仪式

"欢乐酒"仪式后要带走的"平安饼"

制作中的"平安饼"

"欢乐酒"上由老人唱歌解除"哀伤期"

参加聚会的女宾

在酒席宴会上

村庄宴会上掌厨的男村民

村民们用来犁地的"铁牛"

南门年轻村民的客厅

居所外部

帮助村民接收外部信息的电视天线

"现代化"的垃圾

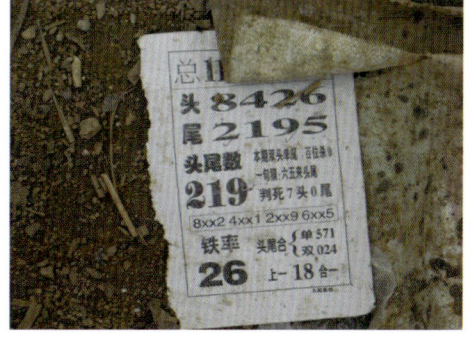
随处可见的私彩号码预测

摩托车是当地人主要的交通工具

村民合伙杀一头年猪

种植青瓜

互助种植水稻

村民用碾米机加工稻谷

儿童手中的奥特曼超人玩具

身着传统服饰的女村民

"谁砍山谁坐牢"

南门村的法师

什守村的法师

被施加了法术的一段芭蕉树

《中南民族大学民族学文库》
编 委 会

编委会主任

  段　超

编委会成员

  段　超　李俊杰　田　敏　许宪隆
  李吉和　柏贵喜　康翠萍　向柏松
  潘弘祥

主　编

  田　敏

总　序

民族学是中南民族大学特色学科、优势学科，曾先后被评为国家民委重点学科、湖北省重点学科、湖北省优势学科。中南民族大学民族学学科形成了从预科、本科到硕士、博士、博士后完整的人才培养链条。民族学本科专业是教育部特色品牌专业、湖北省特色优势专业，马克思主义民族理论与政策是国家级精品课程、国家精品资源共享课程。拥有民族学一级学科博士点、一级学科硕士点，其中，一级学科博士点下设民族学、马克思主义民族理论与政策、中国少数民族史、中国少数民族经济、中国少数民族艺术、民族教育、民族法学和少数民族语言文学8个二级学科博士点；一级学科硕士点下设民族学等5个二级学科硕士点。设立有民族学专业博士后科研流动站。在2013年教育部公布的学科评估中，中南民族大学民族学在全国同类学科中排名第四，保持了在全国该学科中的领先水平。

中南民族大学民族学学科历史悠久，底蕴深厚。早在1951年，由我国著名民族学家岑家梧教授领衔，学校创建了民族研究室。20世纪五六十年代，以岑家梧、严学宭、容观瓊、刘孝瑜等先生为代表的一批学者，积极开展民族研究工作，参与了中华人民共和国成立初期的全国民族大调查，并为京族、毛南族、土家族、黎族等中南、东南地区的民族识别做出了突出贡献。1983年，著名民族学家、社会学家吴泽霖先生在中南民族学院创建了国家民委直属重点研究机构——民族研究所，由此民族学学科发展迅速。20世纪八九十年代，在吴泽霖先生的带领下，涌现了彭英明、吴永章、吴永明、答振益、李干、张雄、刘美崧、杨清震等一批具有全国影响的专家，在南方少数民族历史与文化、马克思主义民族理论与政策、少数民族经济等研究领域取得了一大批突出的成果。

十余年来，中南民族大学大力开展民族学学科群建设，在进一步突出民族学传统学科方向和研究领域的同时，以民族学一级学科为平台，形成了民族教育、民族法学、民族语言文学、民族艺术、民族药学等多个特色交叉学科，学科覆盖面日益扩大。学科发展支撑条件优势明显，现有湖北省南方少数民族研究中心、国家民委南方少数民族非物质文化遗产研究中心、国家民委中国城市民族与宗教事务治理研究中心、国家民委少数民族教育发展研究基地、国家民委民族团结进步创建活动研究中心、湖北省中国少数民族审美文化研究中心、湖北省民族地区经济社会发展研究中心、湖北少数民族非物质文化遗产保护基地、湖北省民族立法研究中心、湖北区域历史文化研究基地和中国人类学民族学研究会散杂居民族问题研究专业委员会等10余个省部级研究中心和研究基地。2016年，获批国家民委"武陵山片区减贫与发展协同创新中心"，同时，中国武陵山减贫与发展研究院、中南民族大学与湖北恩施州共建"恩施发展研究院"也依托该一级学科。

该学科条件优良，设施完备，团队实力雄厚。建有藏书10万余册的"民族学人类学文献资料中心"，设施完备的"民族学人类学田野调查实验室"，拥有国内第一家民族学博物馆，馆藏民族文物2万余件。该学科还打造了国家民委创新团队"民族文化传承与发展创新团队"，以及南方少数民族历史文化研究、散杂居民族研究、南方少数民族非物质文化遗产、民族社会发展研究、中国边疆民族与宗教问题研究、民族地区减贫与发展等校级资助的研究团队。

学科现有专职研究人员79人，其中教授33人；副教授38人；博士生导师20余人。学科团队结构合理，具有雄厚的教学科研实力。学科带头人雷振扬、段超、许宪隆、田敏、柏贵喜、李吉和、李俊杰、李忠斌、康翠萍、哈正利、闫天灵等学者表现突出，在中国特色民族理论与民族政策、南方民族历史文化、散杂居民族问题、城市民族问题、少数民族非物质文化遗产保护、民族地区社会发展、民族地区减贫与区域发展、民族教育与管理等研究领域获得一大批最新成果，形成新的研究特色和学科优势。高层次学科专家发挥重要影响，有国务院学位委员会学科评议组专家1人，国家"万人计划"人才1人，国家社科基金评委2人，国家出版基金评委2人，"新世纪百千万人才工程"人才3人，享受国务院津贴专家5人，国家民委领军人才1人，国家民委突出贡献专家4人，教育部新世纪优秀人才计划支持人选4人，另有湖北省突出贡献专家、国家民委民族问题优秀青年专家、国家民委中青年英才等多人。20余人次担任国家级一级学会及省部级学会的会长、副会长、秘书长和常务理事。

中南民族大学民族学学术研究成果丰硕，近5年就累计主持完成国家级和省部级科研课题140余项，承担国家社科基金重大项目、教育部哲学社科重大攻关项目5项，主持国家社科基金63项；发表核心期刊论文和出版专著230篇（部），40余项成果获教育部及省部级奖，其中教育部人文社科优秀成果奖5项，省部级一、二等奖20余项。部分成果为国家级及省部级领导批示或地方政府采纳，在服务民族地区经济社会发展方面做出了较为突出的贡献。

当前，国家正在统筹推进以建设一流大学和一流学科为主旨的"双一流"建设，我们将以此为契机，以建设一流师资队伍、培养拔尖创新人才、产出标志性科研成果、传承创新优秀文化、切实服务民族社会为抓手，不懈努力，开拓创新，争创一流民族学学科。为及时推出中南民族大学民族学学科建设的最新成果，特编辑出版《中南民族大学民族学文库》，以期为中国民族学学科发展做出新的贡献。

目 录

第一章 导言 …………………………………………………………… (1)
　第一节 研究的缘起与意义 ……………………………………… (1)
　　一 研究缘起 ………………………………………………… (1)
　　二 研究意义 ………………………………………………… (2)
　第二节 文献综述 ………………………………………………… (4)
　　一 超越村庄层次的几种经典研究 ………………………… (4)
　　二 "村庄范式"在当前学术研究中的体现 ………………… (10)
　　三 地域社会及共同体理论研究 …………………………… (12)
　第三节 理论观照、研究思路与方法 …………………………… (17)
　　一 理论观照 ………………………………………………… (17)
　　二 研究思路 ………………………………………………… (23)
　　三 研究方法 ………………………………………………… (24)
　第四节 研究内容与创新 ………………………………………… (25)
　　一 主要内容 ………………………………………………… (25)
　　二 研究创新 ………………………………………………… (26)
　第五节 相关概念界定 …………………………………………… (27)
　　一 社会整合 ………………………………………………… (27)
　　二 村落联盟与准村落联盟 ………………………………… (28)
　　三 合亩制 …………………………………………………… (30)
　第六节 田野调查经历 …………………………………………… (31)

第二章 走近三个黎村 ……………………………………………… (34)
　第一节 自然与人文生境 ………………………………………… (35)

一　自然生境 …………………………………………… (35)
　　二　人文生境 …………………………………………… (37)
　第二节　行政区划变迁 …………………………………… (38)
　第三节　三个黎村概况 …………………………………… (40)
　　一　同饮一溪水的同姓之村:南门村和什守村 ……… (40)
　　二　曾共耕一片地的亲戚之村:南打村 ……………… (45)

第三章　传统村际关系 ……………………………………… (49)
　第一节　村际间的社会与政治组织 ……………………… (50)
　　一　"峒"组织:黎族历史上的村落联盟 …………… (50)
　　二　村落之间的联盟以及峒之间的联系 ……………… (53)
　第二节　村庄内的社会与政治组织 ……………………… (57)
　　一　超越经济意义的传统组织:合亩及合亩制度 …… (57)
　　二　合亩制在村落联盟中的作用 ……………………… (65)

第四章　现代村际关系 ……………………………………… (70)
　第一节　村际关系形式上的变迁 ………………………… (71)
　　一　改革开放之前:较为封闭的村际关系 …………… (73)
　　二　改革开放之后:融入现代元素的村际联系 ……… (78)
　　三　变迁发生的原因 …………………………………… (88)
　第二节　村落生活中不变的传统 ………………………… (89)
　　一　宗教信仰 …………………………………………… (92)
　　二　社会生活 …………………………………………… (109)
　　三　现代村庄社会生活 ………………………………… (118)
　　四　合亩制形式的遗存 ………………………………… (135)
　第三节　村际间的日常合作与竞争 ……………………… (137)
　　一　村际间日常合作 …………………………………… (139)
　　二　村际间竞争关系 …………………………………… (143)
　　三　异常团结的村落群体 ……………………………… (146)

第五章 "共同在场感"与紧密村际关系的形成 …………… (148)
 第一节 黎族社会的交往风习 ………………………… (148)
  一 弥漫着酒气和喧闹的村落 ……………………… (149)
  二 频密不断的人情往来 …………………………… (153)
 第二节 "共同在场感"的构建 ………………………… (155)
  一 大型聚会 ………………………………………… (156)
  二 日常生活中数不清的聚会 ……………………… (158)
  三 刻意制造出来的聚会需求 ……………………… (160)
 第三节 村际交往的"整村"特征:形式亲缘关系 …… (162)
  一 "兄弟村落" …………………………………… (163)
  二 普遍的"形式亲缘关系" ……………………… (164)
  三 形式亲缘关系的组织基础:"做头"制度 …… (165)

第六章 结论 …………………………………………………… (168)
 一 村际关系发生了形式而非本质的变化 …………… (168)
 二 现代村际关系模式源自传统的实践 ……………… (170)
 三 "共同在场感"造就了地域社会的整合 ………… (171)
 四 地域社会研究的新视角 …………………………… (173)

参考文献 ……………………………………………………… (175)

后 记 ………………………………………………………… (188)

第一章

导　　言

第一节　研究的缘起与意义

一　研究缘起

黎族的历史与文化是中南民族大学民族学的传统研究领域。在20世纪五六十年代，结合全国性的少数民族社会历史调查和民族识别工作的开展，一批本校学者就曾深入海南黎族地区进行了艰苦的社会调查和研究活动，并且取得了在学术界颇有影响力的成果。[1] 这些研究成果和调查资料对后人了解黎族的历史和文化传统具有非常重要的意义。

2011年，基于20世纪已有的研究基础，中南民族大学决定重新开展对这些地区的调查，其目的在于从历史的纵向角度来理解少数民族地区的社会文化变迁。学校决定依据黎族的五个支系来分别选择一个村寨为代表，并以此为研究对象，派研究者进行详细的再调查和研究工作。按照学校的统一安排，全校众多学者纷纷开始进行与黎族有关的研究工作。笔者有幸参与了其中对杞方言黎族村寨的调研工作。另外，笔者还参与了柏贵喜教授主持的海南省2011年度社科基金项目"黎族'合亩制'地区社会文化变迁研究——基于五指山地区两个村落的人类学考察"的调研。

---

[1]　其中最为重要的是《海南黎族情况调查》（内部铅印版），原书共分五个分册，约120余万字。20世纪90年代之后，中南民族学院将其以《海南岛黎族社会调查》为名正式出版，即中南民族学院本书编辑组《海南岛黎族社会调查》，广西民族出版社1992年版。

本书的写作正是在这样的背景下开展的。经过与前述课题相关的几次调查研究活动，笔者获得了较为丰富的田野资料。这直接促使笔者将博士论文选题方向锁定在黎族研究上。

因而笔者寻找一个比较易于上手的切入点来进行研究，并试图通过博士论文的研究能够在学术上有所创新和贡献。然而，就已有的学术成果而言，前辈学人的人类学和社会学研究已经包罗万象并且有很高的理论水平，要想有所创新谈何容易。作为晚辈后生，能做的可能也仅仅是拾遗补阙的工作罢了。

在杞方言黎族地区的调查，笔者发现了一个有意思的现象，这种现象在中国其他民族、其他地区也存在，具有自己的特点——那就是紧密的村际联系。在其他地区，历史上存在着村庄联盟的情况，黎族地区各个村寨之间的联系也存在着类似的特点。村庄联盟的问题实际上和基层地域社会研究有关，因此对其形成机制进行研究有助于我们了解当前的基层社会治理。

二　研究意义

本书对基层地域社会的研究具有积极意义。

首先是在学理层面上，村落是构成中国社会的基本元素之一，研究由村落所构成的地域社会是研究中国社会的起点，因此本书既能为地域社会研究提供新材料，又能为在宏观上理解中国提供基础。正如在后文中将要提及的，对于基层社会的研究，有许多知名学者提出了在形式上有差异甚至是对立的观点。本书所做的工作是和前辈学人形成对话，并且提出自己有关地域社会形成的看法和观点。笔者认为这不仅仅是一项"调和"的工作，也体现了对前辈学人工作成果的尊重，并在此基础上提出和建构出自己的理论观点。

其次是在实践层面上，对基层地域社会的研究有利于在当前指导基层社会重新建立秩序，从而为有效的社会治理奠定基础。笔者认为后者尤其显得重要，在市场经济的冲击下，社会上"人心不古""唯利是图"的现象已经司空见惯。正因如此，某些地区的基层社会出现了如学者所说的原子化①现象,有序的社会治理成为一种奢求。相比较而言,传统社会基本和谐的村内和村际联系是当今的基层社会组织治理所亟须的。

如果说基层社会人心不古,虽然这从整体上来说有一定的正确性,然而对于部分少数民族地区而言,由于历史发展的原因,其发展往往要滞后于汉族地区,社会的传统优势在这里并没有丧失殆尽或者至少有所保留。因此对某些少数民族地区所存在的社会组织现象进行研究有利于我们理解中华民族的一些历史传统。

在广袤的少数民族地区,本来就存在一些非常具有本民族地方色彩的地域社会村际整合与村落联盟现象,如侗族的"款"组织即是如此。在海南五指山腹地,当地黎族"峒"组织的实践也是某种程度上的村落联盟。侗族"款"组织在当地人当前的社会生活中保留着很明显的痕迹,②但是对于黎族的"峒"组织来说,现今人们已经普遍忘却了这种历史上曾经存在的制度。这显然和1949年后的历史进程有关,现代行政力量改变了当地民族传统的发展轨道,使历史与现实在一定程度上被割裂了。但即便如此,地域社会的本质特征即紧密的村际联系却并未因之而改变,它只不过不再以传统的那种称呼而存在,其文化的本质仍存续至今。

因此,笔者认为在少数民族地区进行地域社会及基层社会整合机制的研究是有一定价值的,选取并从这些地方切入也具有可操作性。所以结合之前的调查研究,笔者决定将调研对象确定为五指山黎族地区的地域社会。

当前对传统文化资源进行挖掘性的保护工作受到了国家各方面的重视,这是因为社会各界包括政府在内都意识到了传统文化的社会价值和意义。传统社会的社会联系模式弥足珍贵,但今天却只是在一些较为偏远的地方才存在。之前的社会历史调查对于我们认识传统具有重要作用。如今我们的一些学术调查和学术工作自然离不开前辈学人的诸多努力。

---

① 参见贺雪峰《乡村治理的社会基础:转型期乡村社会性质研究》,中国社会科学出版社2003年版。
② 罗义云在其博士论文《侗族社会结构与生存策略——桃源村的个案研究》中就提到大量的侗族"款"组织形式的现代遗留。

众所周知，20世纪50年代的少数民族社会历史调查仅仅反映了当时少数民族的社会文化与生活状况。现代少数民族地区的发展虽然总体上落后于全国平均水平，但与半个世纪前相比已经有了较大的变化，正如60年前海南黎族群众的社会生活和100多年前德国学者史图博所描述的黎族生活不同一样。尤其经历了从封建主义社会向社会主义社会过渡这样天翻地覆的变化之后，传统的社会生活方式必然也会因之而发生改变。

当下，我们要做的工作就是去调查和研究现时黎族地区人们的社会文化生活方式，与历史上尤其在上一次少数民族社会历史调查时期，有何不同，其间产生了怎么样的变迁？尤其在地域社会的构成规则和实践方面，发生了怎样的变化？笔者认为前后两个历史时期，地域社会的实践形式从表面上来看是有所不同的，但是同时又隐约察觉地域社会中各个部分联系在一起的本质内容却是一致的。因此有必要从历史的角度或者纵向角度来研究这个问题。至于从横向角度来进行相关问题的研究，即在同时代对其他地区、民族的地域社会进行类似研究，这个要待以后条件成熟时才能够进行。不过在前文中提及的地域社会理论，各位学者所做的研究已经为我们提供了可比较的资料。

因此，本书的研究目的就是要通过对海南五指山黎族地区的地域社会的研究，从历时性的角度来理解地域社会形成的基础和逻辑，并为以后能够对整体的地域社会研究提供理论和资料基础。

第二节　文献综述

一　超越村庄层次的几种经典研究

中国乡村社会是由许许多多类型各异的村庄构成的，对于中国社会的研究自然要从最基层的村庄开始。但是对于如何来研究中国社会以及中国农村，在学术和实践领域存在着不同的看法。一种谓之村庄范式[①]，

[①] "范式"概念在由科学社会学家库恩提出后，已经成为科学研究中的一个十分重要的概念。按照库恩的论述，"范式"是从事某种特定学科的科学家们在这一学科领域内所达到的共识及其基本观点，是一个学科的共同体在研究准则、概念体系等方面的某些共同约定，尤其是通过研究实践中的范例即"一组标准事例"来理解的共同约定。"范式"包括三个方面的内容：一是共同的基本理论、观点和方法；二是共有的信念；三是某种自然观（包括形而上学假定）。

即从村庄层次来研究中国社会，主要关注村庄内部的结构及各项事务。费孝通是这种研究范式的主要倡导者和实践者，他的研究方法也被称作"社区研究"，其早期对自己家乡开弦弓村的民族志式研究①，以及后来对云南三村的研究②都采用了这种研究范式。③ 受到传统范式的影响，一些现代学者对采用村庄范式来进行研究也乐此不疲。④ 不过有学者指出，传统的村庄范式研究存在着方法论上的缺陷，主要表现为"无法打通特殊与一般、局部与整体、微观与宏观的断层"。⑤ 因此作为对村庄范式的改进，另一种研究范式应运而生，即从超越个体村庄的层次来研究和理解中国社会，以一个更加宏大的视角来进行研究。由于找不到一个合适的术语来指称这种研究范式，笔者暂且将其统称作"超村范式"⑥，这种研究范式的实践有：从市场维度研究的施坚雅范式，从文化与权力维度研究的杜赞奇范式，从宗族维度研究的弗里德曼范式以及从经济维度研究的黄宗智范式。⑦

笔者认为，从基层社会的实践来看，村际之间的互动交往是一个常态，毕竟作为地域社会的一员，没有哪个村落能够在完全封闭的环境中独自生存，即便是在所谓的以小农经济为主的传统时代也如是。因此如果仅仅是从村庄层次进行研究而得出的结论不能说是错误的但至少可能

---

① 费孝通的博士论文《开弦弓，一个中国农村的经济生活》就是建立在这次调查基础之上，在国内，该书以《江村经济》为名出版被学界所知。

② 《云南三村》是费孝通先生和他的助手张之毅先生于20世纪30年代末40年代初在云南内地农村所做的调查报告，包括了《禄村农田》《易村手工业》《玉村农业和商业》。

③ 这种个案的村庄范式的研究曾经引起了利奇等人类学家的批评，认为这种对个别对象的研究所得出的结论能否适用于整个中国社会。针对这种质疑，费孝通认为可以用"逐渐接近"的手段来达到从局部到全面的了解。他提出了使用类型比较的方法，试图用这样的方法把中国农村的各种类型一个一个地描述出来，就不需要把全中国所有的农村都加以观察才可以了解中国。

④ 如王铭铭《社区的历程——溪村汉人家族的个案研究》，阎云翔《礼物的流动——一个中国村庄中的互惠原则与社会网络》，吴毅《村治变迁中的权威与秩序——20世纪川东双村的表达》等著作都属于此类作品。

⑤ 邓大才：《超越村庄的四种范式：方法论视角——以施坚雅、弗里德曼、黄宗智、杜赞奇为例》，《社会科学研究》2010年第2期。

⑥ 在邓大才教授的论文中，他并没有明确表达超越"村庄范式"的意图。笔者按照对"村庄范式"的理解，相应地提出这个概念，用以指称与前者有所不同的研究范式。

⑦ 邓大才：《超越村庄的四种范式：方法论视角——以施坚雅、弗里德曼、黄宗智、杜赞奇为例》，《社会科学研究》2010年第2期。

是不完整的，所以有必要超越村庄层次从村际联系层次上来理解和研究中国的基层社会。当然村际间关系比作为系统本身的村落而言要更为复杂，影响村际关系的因素也会更多，因而处理起来难度也比较大。

　　超越村庄范式进行村际间关系研究，最有影响的当属著名人类学家施坚雅对中国农村社会的研究。① 作为人类学家的施坚雅，其研究中国问题的方法之一是人类学的"民族志"方法，即强调对基层社会的深入了解，力图复原基层社会的民众生活。② 他主要通过对四川成都平原地区的基层地方市场体系进行考察，并提出中国农民是通过各级市场而紧密联系起来的。他说，农民的实际社会区域的边界不是由他所住村庄的狭窄的范围决定，而是由他的基层市场区域的边界决定的。③ 即便我们普遍认为村庄之间重要联系之一的传统姻亲联系，也是与市场区域联系在一起的，"农民的姻亲结合因此而构成另一个遍布于基层市场社区的网络，并使结构更为完整"④。

　　施坚雅在研究中发现了一个难题：同一个宗族由于规模的扩大，会产生一些分支离开原地到异地发展，但是这些后来分出去的宗族和原有宗族之间的关系却不尽相同，有些相邻的地方化的宗族之间的联系会永久存在并形成有组织的统一体，而另一些具有同样久远的祖先的宗族却各自独立。对此种现象，他的设想是，"由于农民家庭的社交活动主要在他们的基层市场社区内进行而很少在其外进行，同一个市场体系内的宗族间的联系可能会永久存在，而在不同基层市场区域中地方化的宗族之间的联系常常会受到时间的侵蚀"⑤。施坚雅的这种理论解释，从社会学的角度来看正是社会交往理论所强调的观点，人们之间的交往越是频繁，双方的关系就越紧密。在他的解释逻辑中，处于同一个基层市场共同体的人们通过不断地参与固定的市场活动而联系在一起。

---

　　① 施坚雅的学术研究在中国学术界受到了极高的评价和重视，"农村基层社会是施坚雅建构理论模式的起点，他对农民、市场与村际关系的诠释成为国际汉学研究的一个经典范式"。参见任放：《施坚雅模式与国际汉学界的中国研究》，《史学理论研究》2006 年第 6 期。
　　② 任放：《施坚雅模式与国际汉学界的中国研究》，《史学理论研究》2006 年第 6 期。
　　③ [美] 施坚雅：《中国农村的市场和社会结构》，史建云等译，中国社会科学出版社 1998 年版，第 40 页。
　　④ 同上书，第 46 页。
　　⑤ 同上。

不过，笔者认为通过参加市场活动这种形式来加强不同村落之间人们的交往仅仅是一个方面而已，在其他学者的研究中也提出了另外的一些用以联结并强化村际关系的理论观点。赵旭东在对一些华北农村地区的庙会活动进行研究之后，认为每年定期的庙会具有积极的功能，"一般而言，通过一次庙会活动就可以把分散在方圆二三十里范围内的村民都召集来，由此大家可以约定俗成的年年聚上一次"，"定期的庙会，显然是在营造一种超越于个体之上的公共交流的场景"①。庙会、节日聚会确有加强同一地域社会人们联系的功能，但是庙会、集市毕竟是有较为固定的时间的。如果说村落之间的紧密联系仅仅是通过这种比较松散的方式来实现，笔者认为还是不够的，因而，用其理论来解释类似于村落联盟这样的村落间关系尚缺乏解释力。

关于村落联盟这个概念，在笔者所涉猎的文献资料中，至少在国内的相关文献中尚很少被涉及，只在个别历史学者的研究中看到这个概念。唐海涛在研究清朝中后期广西浔州府"拜上帝会"的产生根源时，认为当时在当地出现了所谓的村落联盟，"作为社、庙祭祀组织，村落联盟刻画出乡民群体不同的信仰空间，而作为地域组织，其背后诉说的又是各种政治力量的地域支配范围，表达着不同社会力量对地方社会的权威及影响。因此，村落联盟成为社区之间联合或对抗的依托，各联盟之间因地缘利益引致的冲突也多表现为对社、庙及仪式的控制"②。在这里虽然提到了村落联盟的概念，但是在仔细研读其论文之后我们很快发现，它并不是在村落共同体或地域共同体的意义上来使用这个概念的，它实际上是地域社会中的某一个阶层，相对于那些被排斥在这一阶层之外的人们而言的。不过，值得肯定的是，在该文中提到了作为地域社会组织的村落联盟主要通过社、庙祭祀组织来实现各方的一致行动，这对村落间紧密关系的形成具有积极的意义。

实际上，这里所论及的关于村落联盟形成的解释符合另外一个著名人类学家杜赞奇的理论。他在《文化、权力与国家》一书中指出，中

---

① 赵旭东：《从交流到认同——华北村落庙会的文化社会学考察》，《文化艺术研究》2011年第4期。
② 唐晓涛：《清中后期村落联盟的形成及其对地方社会的意义——以"拜上帝会"基地广西浔州府为例》，《清史研究》2010年第3期。

国社会的联系尤其是官府与社会和百姓的联系并不是处于像以往所说的断裂的状态，官方或者说皇权从来就没有离开过基层社会，没有放弃过控制基层，只不过这种控制不是直接的而是间接的，这就是文化的控制。国家通过构建基层社会的信仰体系，或者将基层的信仰体系纳入官方的话语中，从而实现对前者的有效控制。[1] 杜赞奇"权力的文化网络"的概念也在少数民族地区被验证，张和清认为他所研究的一个少数民族地区的首领是依靠乡村文化网络获得权威和认受性的，凭借对乡村文化网络的操控而有力地控制着乡村社会。[2] 从横向的村落之间的关系来看，共同的文化、共同的信仰是村落紧密关系能够形成的一个重要联结点，这里所谓的文化和信仰并不一定是普遍的"大传统"，也包括那些地方性文化与信仰的"小传统"[3]。王守恩研究了山西乡村社会的村际神亲现象，认为在这些地方村落之间的紧密联系是通过一种并不存在的、想象出来的神性的亲缘关系形成的。"它是村落之间以共同信奉的民间神灵为纽带而形成的一种虚拟亲属关系。这种文化建构将村际的地缘关系亲缘化、世俗联系神圣化。本无亲缘关系的不同村落群体由此成为亲属集团，在信仰领域保持了联系，其世俗交往也从无到有或由少到多。"[4] 他这里把神亲关系和虚拟亲属关系等同起来，由于他没有刻意提到在这些村庄之间是否存在着婚姻关系，因而把当两个因存在着个别婚姻而建立起了整体联系的村庄用虚拟亲属关系来指称并不一定是合适的。笔者认为应该用别的概念来指称和概括这种关系。

以上学者对于中国社会尤其是中国基层地域社会的解释和理解都比较深刻，但是由于每人所研究的对象不同、所研究的地域也不同，因而所得出的结论基本上只能代表当时当地的研究对象的情况。也就是说要

---

[1] ［美］杜赞奇：《文化、权力与国家——1900—1942年的华北农村》，王福明译，江苏人民出版社1996年版。

[2] 张和清：《主族控制下的族群杂居村落权力的文化网络视角》，《社会》2010年第2期。

[3] 大传统与小传统是美国人类学家罗伯特·雷德菲尔德在1956年出版的《农民社会与文化》中提出的一种二元分析的框架，用来说明在复杂社会中存在的两个不同文化层次的传统。大传统是指以城市为中心，社会中少数上层人士、知识分子所代表的文化；小传统是指在农村中多数农民所代表的文化。

[4] 王守恩：《山西乡村社会的村际神亲与交往》，《世界宗教研究》2012年第3期。

将他们的理论推及中国其他地方有可能会"水土不服",解释力有所下降。杜赞奇在自己的文章里质疑施坚雅:"市场体系理论只能部分地解释联姻现象,即使辐射半径在限定联姻圈和其他社会圈方面有重要作用,但是联姻圈等有着自己独立的中心,并不一定与集市中心重合。"①刘玉照也认为,杜赞奇强调村落共同体的内聚性本质,和施坚雅的市场共同体是对立的,并因之而提出一种新的模式"基层生产共同体"②。

朱炳祥在一篇论文中也明确指出了这个问题,"不同的人类学家因研究领域不同而提出了不同的理论,他们只分析了社会构成的某一个要素而不是全部要素的构建功能"。"在地域社会构成问题上的每一种单独的解释模式都经不起其他解释模式的共同追问。"③ 他从整体上来解决这个问题,即分析地域社会构成的普遍性原则,"将人类实践活动看作是地域社会构成的基本动力",并自创了"齿轮式社会结构"来比喻地域社会内部与外部的结构关系。④ 在另外一篇文章中,他提到"对于血缘、姻缘与地域性社会构成的关系,宗族继嗣理论与社会交换理论从不同视角得出了各自的结论,虽不无某些深刻的见解,但都存在很大的片面性"⑤。其努力的方向似乎是提出一种异于别人的新的理论解释,甚至直接否定别人的结论:"对于市场体系与基层社会结构其他要素之间的关系,施坚雅仅凭表面的观察便遽下结论,并无充足的材料支撑其论点。"⑥ 而没有试图指出各位学者观点之所以在某些方面是合理的共同原因。笔者认为使用某一地区的个别案例去否定基于另一地区情况而得出的结论,有待商榷。

近几年,朱炳祥教授在这方面的工作是卓有成效的,在相关领域

---

① [美]杜赞奇:《文化、权力与国家——1900—1942年的华北农村》,王福明译,江苏人民出版社1996年版,第19页。
② 刘玉照:《村落共同体、基层市场共同体与基层生产共同体——中国乡村社会结构及其变迁》,《社会科学战线》2002年第5期。
③ 朱炳祥:《地域社会的构成:整体论的视角——以摩哈苴彝族村和周城白族村为例》,《中南民族大学学报》(人文社会科学版)2011年第3期。
④ 同上。
⑤ 朱炳祥:《继嗣与交换:地域社会的构成——对摩哈苴彝村的历史人类学分析》,《民族研究》2004年第6期。
⑥ 朱炳祥:《"农村市场与社会结构"再认识——以摩哈苴彝族村与周城白族村为例对施坚雅理论的检验》,《民族研究》2012年第3期。

的权威杂志发表了多篇论文，对前人学者所做的研究进行了有针对性的批评。他曾经选择了两个不同发展程度的少数民族村落，来研究地域社会构成原则的共同规律①，并从社会整体内部诸因素之间的关系来重新思考地域社会构成问题，将人类实践活动看作是地域社会构成的基本动力。"人类实践活动"实际上可以概括各种理论流派的本质线索，但是正因为其高度的概括性，从逻辑学的角度来看是并不科学的提法。

二 "村庄范式"在当前学术研究中的体现

前面已经提及，从费孝通开始，在有关中国基层社会的研究中，以社区研究方法为代表的"村庄范式"是一种非常受后辈学者欢迎、并争相效仿的研究套路，即便受到了包括利奇教授在内的很多学者的质疑②之后亦不改初衷。有学者指出，后来很长时间内的村庄研究虽然使用了类似的框架③，但是都没有超越以费孝通为代表的老一代社会学家，"（1949年以后直至20世纪80年代）在村落研究方面，并没有什么实质性的突破"④。

然而，与传统的村庄研究不同的是，如今对于单个村庄的研究，在研究方法上更为倾向于综合，表现为采用了一些比较复杂的现代研究方法，比如后面会提到的社会网络分析法以及定量研究方法。而在研究内容上，如今的小社区研究也比较侧重于某些方面，而不是片面地追求全景式研究，表现为每一个研究者都会从自己擅长的方面来研究和描述村

---

① 朱炳祥：《地域社会的构成：整体论的视角——以摩哈苴彝族村和周城白族村为例》，《中南民族大学学报》（人文社会科学版）2011年第3期。

② 利奇教授认为，在像中国这样一个包括人数众多、历史悠久、文化复杂的国家中，只研究其中的一个由少数人组成的小社区，并以此来概括和代表整体的社会文化，这样的研究方法是值得质疑的。费孝通在遭到了这样的质疑之后，他发文指出，"首先承认他的'局部不能概括全部'的定式，及方法上不应'以偏概全'，而提出了用'逐渐接近'的手段来达到从局部到全面的了解"。参考费孝通《江村经济——中国农民的生活》，商务印书馆2001年版，第318页。

③ 包括中国人：如黄树民的《林村的故事》，杨懋春的《一个中国村庄：山东台头》；同时也有不少国外学者如韩丁的《翻身：一个中国村庄的革命纪实》、柯鲁克的《十里店：中国一个村庄的革命》以及弗里曼、毕克伟、塞尔登的《中国乡村，社会主义国家》等。

④ 黄忠怀：《20世纪中国村落研究综述》，《华东师范大学学报》（哲学社会科学版）2005年第2期。

庄生活。

从第一个层面来看,苟天来、左停就利用西方社会学的社会网络理论与网络分析方法,对皖西山区一个自然村落的人际交往关系进行了分析,并得出了一个与费孝通"熟人社会"不尽相同的结论。他们认为,熟人社会远非已有研究所认为的,彼此在时间上,从多方面的、经常的接触中而存在亲密的交往。无论从强关系还是弱关系的角度,自然村落中村民之间并不存在相互的直接关系。[①]

张文宏则首次对农村居民的社会支持网进行了大规模的问卷调查。结果显示,农民的社会网是以高趋同性、低异质性、高紧密性为特征的。同传统中国农村相比,以血缘和婚姻联系起来的亲缘关系在社会网中的重要性虽然有所下降,但仍然是一种最重要的社会关系。业缘关系、友谊关系和地缘关系在社会网中占据相当重要的地位。[②]

从第二个方面来看,阎云翔就着重分别从礼物和婚姻两个方面对下岬村展开研究,并总结了当前农村社会的一些新特点。[③] 他指出随着农村内部现代性的增加,对传统村民而言也开始具有了类似于隐私权的思维,因而现代村庄内部的社会交往形式较之传统发生了很大的变化。[④]在笔者的研究中,他发现改革之后年轻村民成了"新的个人",并且是无公德的新的个人,这种变迁让他感到些许陌生。

应该说,虽然当前对于村庄的整体性全景式研究仍然很常见,但是更多的学者还是从专门的视角切入进行更加专业性的研究,有自身的研究重点。如王铭铭《社区的历程——溪村汉人家族的个案研究》,张小军《再造宗族:"福建阳村宗族复兴"的研究》等着重研究家族和宗族在村落发展中的作用;于建嵘《岳村政治:转型期中国乡村政治结构的变迁》,吴毅《村治变迁中的权威与秩序——20世纪川东双村的表达》和应星《大河移民上访的故事:从"讨个说法"到"摆平理顺"》等则

[①] 苟天来、左停:《从熟人社会到弱熟人社会:来自皖西山区村落人际交往关系的社会网络分析》,《社会》2009年第1期。

[②] 张文宏:《从农村微观社会网的变化看宏观社会结构的变迁》,《天津社会科学》1999年第3期;《中国农村的微观社会网与宏观社会结构》,《浙江学刊》1999年第5期。

[③] 阎云翔:《礼物的流动——一个中国村庄中的互惠原则与社会网络》,上海人民出版社2000年版。

[④] 阎云翔:《私人生活的变革》,龚小夏译,上海书店出版社2009年版。

主要研究村庄的政治生活。当然在具体的研究过程中，也并不排除对专业之外内容的关注。不过，从研究内容的专业性来看，同之前的全景式村落研究还是有所差别的。

在当代的一些年轻学者身上更加体现出了这个特点，他们十分擅长发现某些十分细微的研究切入点，来展开对当前农村社会村庄内部关系和性质的探讨。桂华博士就在其论文中，通过对村庄闲话的分析开始，指出了在形式和性质上来说，村庄内部社会交往中公共性弱化、私人性增强，从而使得人们之间原本很普遍的闲话被别的内容所取代。① 陈柏峰、杨华等博士则是通过对"乡村混混"的关注，来研究村落社会在新时期所发生的变化②，等等。

总体而言，与"超村范式"相比，"村庄范式"对研究者来说更容易把握，调查研究也较为方便，更加适合成本较低、时间较短的研究类型；在研究成果呈示方面也主要以篇幅较短的研究论文形式出现。

三 地域社会及共同体理论研究

在国内学界，地域社会的提法并不常见，近些年它主要在历史学科中被使用③，地域社会史也成了历史研究的一个分支，不过此处的"社会"并不与"地域"构成术语的整体。按照周星的理解，"地域社会"一词来自日语，对应于汉语"地方社会"（或"乡土社会"）及英语的 local community 的提法。中国学者考虑到汉语中的"地方"主要是相对于"中央"而言，因而在一些场合继续沿用日本学者的提法。所谓"地域社会"，主要是指基于地缘关系形成的集团、结构和各种社会关系的总和。④ 笔者认为该概念是完全可以借用到社会学与民族学研究中来的。

---

① 桂华：《论村庄社会交往的变化：从闲话谈起》，《中共宁波市委党校学报》2010 年第 5 期。

② 陈柏峰：《两湖平原的乡村混混群体：结构与分层——以湖北 G 镇为例》，《青年研究》2010 年第 1 期；杨华：《乡村混混与村落、市场和国家的互动——深化理解乡村社会性质和乡村治理基础的新视域》，《青年研究》2009 年第 3 期。

③ 周天游、葛承雍：《中国社会史研究的新趋向——"地域社会与传统中国"国际学术会议综述》，《历史研究》1995 年第 1 期。

④ 周星：《文化遗产与"地域社会"》，《河南社会科学》2011 年第 2 期。

在为数不多的有关地域社会的历史学研究论文中，学者们指出地域社会概念之所以被使用是为了"冲破以行政管理区划以及用朝代断限来研究社会史的局限"[①]。其实不仅是在历史学研究中，在以往关于基层社会的其他学科研究中，也存在重视按照行政区划的划分来进行相关学术研究的倾向。但是实际情况恰恰相反，在地方基层社会，尤其在"皇权不下县"的传统时期，基层社会的行政区划是十分不明显的，人们的疆域边界观念十分模糊。基层社会的构成并不以行政区划进行，而以村落及村落间的自然发展为原则。也正是因为如此，在一些行政区划交界处，一些村落社会虽然分属不同行政区，但是共同的文化归属感却使得它们构成一个紧密的联合体。在自然村落的发展过程中，各个村落主体形成了你中有我、我中有你的相互镶嵌的基层社会结构。

上述情况并不是说行政力量对于基层社会的构成没有影响，在现代国家体系中，尤其在1949年以后的国家实践中，行政力量对于基层村落社会的影响是巨大的，它或者规定了村庄的直接构成，或者通过行政建制来产生实质的影响。在国家掌握资源分配大权的情况下，资源与行政区划是直接挂钩的，或者说国家行政力量主要以行政区划为单位来进行资源的分配，这种实践尤其强化了行政区划力量的重要性[②]。这自然是在基层社会的学术研究中要注意的事实。不过笔者认为，行政力量对村落的这种重要影响还没有大过村落自发形成过程中的传统力量，这样的评价在发展比较落后的地区应该是正确的，或者换一个角度来说，在广大的自然村的层次上来说更是如此。

基层社会村落间的联系是在成百上千年的历史长河中自然形成的，这种紧密关系很难随着外部力量的进入而受到颠覆性的影响。在集体化时期，基层社会的那种传统联系虽然有所减弱，传统联系被现代性的行政或者政治性的联系所取代。但是在20世纪70年代末的改革开放以后，政府对基层社会的"直接一竿子到底"的控制开始退缩，传统又

[①] 乔志强、行龙：《近代华北农村社会变迁当论——兼论地域社会史研究的理论与方法》，《史学理论研究》1995年第2期。

[②] 嘉日姆几在其论文中就以云南小凉山彝族村落的生成为例，说明了国家政府在村庄形成过程中的绝对重要作用。参见嘉日姆几《云南小凉山彝区村落空间生成研究——与杜赞奇"权力的文化网络"之理论对话》，《民族研究》2012年第1期。

重新进入村庄的视野，村落社会间的传统联系也随之恢复了。在笔者对中西部地区少数民族地区的村落社会进行调研之后似乎都可以发现这个观点的正确性。宗族社会和宗族文化的复兴，地域社会文化的重新兴起，村落之间的游神仪式等，这些都是十分明显的例子。

因此对于地域社会的研究也逐渐受到学界的重视，虽然在不同的学科体系中并不一定要使用这个概念，而使用类似的相关概念来指称自身学科对这一研究领域的重视，这也是顺应了时代发展的需要，体现了学术研究对象与社会发展现实的与时俱进。笔者认为与上述"地域社会"概念相似的另外一个重要概念就是"共同体"。

至于共同体的概念，也与中国乡村基层社会基本结构的研究有关。在学术界，共同体概念最早是由德国社会学家滕尼斯在1887年出版的《共同体与社会》一书中提到的，该书英文书名为 Community and Society，可见和"地域社会"概念一样，共同体实际上也指地域性团体，或者翻译为社区亦可。滕尼斯认为共同体主要是指对应于传统社会的社会存在，在这一社会状态中人们的联系主要基于血缘和地缘，过着亲密无间的、与世隔绝的、排外的共同生活，其成员有着共同价值观和传统，他们有共同的善恶观念、共同的朋友和敌人，存在着"我们"或"我们的"意识，而在"社会"即现代社会中，人们之间的关联主要是通过契约、货币等理性方式达成的，人们更多地表现出理智与工于心计的方面。① 在滕尼斯提出共同体概念之后的100多年，学术界又提出了多达90余种的"共同体"定义，以至于一些学者认为从来就没有什么共同体理论，也没有关于什么是共同体的令人满意的定义。②

与之有关的是两个经典的范式，即日本学者提出的村落共同体假设③，和美国学者施坚雅提出的基层市场共同体假设④。前者认为中国

---

① [德] 滕尼斯：《共同体与社会》，林荣远译，商务印书馆1999年版。
② 张志旻等：《共同体的界定、内涵及其生成——共同体研究综述》，《科学学与科学技术管理》2010年第10期。
③ [日] 平野义太郎：《会，会首，村长》，见《支那惯性调查汇报》，第1—2号，东京，1944年。转自刘玉照《村落共同体、基层市场共同体与基层生产共同体——中国乡村社会结构及其变迁》，《社会科学战线》2002年第5期。
④ [美] 施坚雅：《中国农村的市场和社会结构》，史建云等译，中国社会科学出版社1998年版。

乡村社会的基本结构单元是具有封闭、内聚特征的村落；后者认为单纯的村落无论从结构上还是功能上都是不完全的，构成中国乡村社会基本结构单元的应该是以基层集镇为中心，包括大约18个村庄在内的，具有正六边形结构的基层市场共同体。关于施坚雅中国基层社会的研究理论在前文已经提及，值得强调的是，和别的理论假设一样，他的理论并不能够应用到整个中国的广大基层社会，仅仅适用于其所调查的部分区域。比如基层市场共同体理论所依附的数据主要来自对四川成都平原的农村地区的调查，其理论适用性对该地区而言显然是正确的。但是对中国其他地区的基层社会来说，就未必是正确的了。这也是导致学术界很多不同理论流派之间相互批评的主要原因。

用共同体的概念来研究中国社会也主要始于日本学者，村落共同体假设的提出者平野义太郎就是日本人，施坚雅提出的市场共同体概念是在与其进行对话的过程中提出来的。依据中国学者刘玉照的总结，作为社会生活基本单元的"共同体"理论的基本要素有以下五方面：

（一）基层共同体是一种社会群体，这种社会群体是一种实体，而不是类别群体。

（二）基层共同体有比较明确的边界。这个边界是自然形成的，同时受到特定的行动和制度的强化；这个边界既是现实的边界，同时也存在于人们的意识当中。共同体成员的个人意识、需求和活动边界与共同体的边界高度重合。

（三）共同体的对外交往是有限的，并且是高度集中的，但是基层共同体受到外部世界的认可，并具有共同的对外行动。

（四）基层共同体具有内聚性，群体成员具有很强的集体认同感。

（五）共同体内部成员之间相互熟悉，内部具有密切的人际关系和频繁的人际交往、共同体是群体成员主要的社会活动和社会交往的边界。①

作者认为上述两种共同体假设的共同特点是"农村社会基本单元的特征都是相对内向封闭的，强调的是基本单元内在结构的完整性和功能

---

① 刘玉照：《村落共同体、基层市场共同体与基层生产共同体——中国乡村社会结构及其变迁》，《社会科学战线》2002年第5期。

的完备性，即使是在基层市场共同体的假设之下，社会基本单元的对外交往也是十分有限的，并且对外的交往往往被集中在特有的集团和特定的渠道。"① 在此研究基础上，结合 1949 年以后尤其是推行改革开放政策、市场经济兴起以后的基层社会实际，刘玉照与时俱进地提出了"基层生产共同体"的概念。他认为"基层生产共同体的形成和发展对于中国乡村社会的基本结构形成了强有力的冲击"，表现在四个方面：一是对城乡二元结构的冲击，改变了农村在城乡二元结构中的位置；二是突破了市场和行政双重等级体系；三是对作为传统社会基本结构单元的村落共同体和基层市场共同体的冲击；四是形成了一种新的基层共同体运行体制，在不断进行边界扩展的过程中重塑基层共同体的内聚特性②。毛丹也指出，"通常，农业生活提供社区共同体的维系，非农化生活及对集体政治的不信任则被引导为损坏社区共同体"③。显然他注意到了现代生产生活方式对共同体来说存在重要的影响。

"共同体"一词就其字面意义而言，强调的是生活在同一区域内的各个成员之间的聚合特征，因此成员们在内部是十分抱团的，但是并不能说明他们对外的态度如何，因此，笔者认为共同体概念和其开放程度没有必然的联系。但是共同体概念本身所强调的聚合特征是值得人类学、社会学借鉴的，这一概念与传统基层社会具有很好的吻合性。

在理论界尤其在韦伯的传统—现代二元对立框架下，学者们自觉或不自觉地将共同体视作和现代社会相对立的社会存在状态。较少有学者会在现代社会的框架里面去承认甚至寻找传统共同体的存在可能性。在毛丹教授的一篇论文中，他就意识到了这个问题，"村庄的大量存在总被认为与现代社会不相称，而市场力量对于村庄的敌意几乎不会改变，冲击几乎不可能停止"。"如果社会保护、国家保护方面没有比资本更强大的力量和干预，市场力量断然不会放弃对农村社会特别是村落共同体的瓦解。"④ 他同时指出"在专业社会学的视野里，如果承认现

---

① 刘玉照：《村落共同体、基层市场共同体与基层生产共同体——中国乡村社会结构及其变迁》，《社会科学战线》2002 年第 5 期。
② 同上。
③ 毛丹：《村落共同体的当代命运：四个观察维度》，《社会学研究》2010 年第 1 期。
④ 同上。

代社会还需要小型、地方性共同体的存在，以满足非市场经济性质的互助与交换，并发挥情感和社会认知方面的功能，就意味着要承认村落共同体的农业经济支撑条件在现代可能松动剥离，但它作为社区共同体仍然是正常的现代社会的基本资源"[1]。

综上所述，不论是地域社会概念还是共同体概念，这两个概念从原初意义来看实际上是一致的，都是"Community"的中文表述。这对了解中国当前基层社会来说具有实际意义，特别是在农村地区和较为落后的少数民族地区，该种结论无疑更为正确。

第三节 理论观照、研究思路与方法

一 理论观照

（一）社会整合理论

首先意识到社会整合的需要并用来解决社会问题的是法国社会学家涂尔干（1858—1917）。涂尔干比较重要的贡献是提出了劳动分工理论，社会整合的需要主要就与劳动分工有关。随着社会的发展，劳动分工越来越普遍，社会也从原来的"机械团结"状态向"有机团结"状态转化，在这一转型过程中难免会出现一些整合方面的问题。实际上，在他所处的那个时代，整个欧洲社会处于失序状态，出现了许多"混乱、利己主义、缺乏合作、强迫性劳动分工"等反常和病态的现象，这迫使他向传统寻求社会秩序恢复的方法[2]。他尤其提出要用"集体意识"来重塑社会秩序，而途径就是借助仪式、聚会、集会和会议、教育等形式。当人们有了集体意识之后，就会紧密地围拢在一起，从而重新达到传统社会中存在过的那种秩序。

涂尔干没有明确提到"社会整合"，只是表达了这种诉求，而另一位十分重要的社会学者帕森斯（1902—1979）则将社会整合提升为一种理论范式，并用其来解释社会变迁。帕森斯要解决的问题和涂尔干是

---

[1] 毛丹：《村落共同体的当代命运：四个观察维度》，《社会学研究》2010年第1期。
[2] 吴晓林：《社会整合理论的起源与发展：国外研究的考察》，《国外理论动态》2013年第2期。

相似的，那就是社会秩序如何成为可能；而社会秩序正是结构功能主义理论所一贯强调的。只是帕森斯的理论比涂尔干还要宏大和抽象，在其结构功能主义分析框架中构筑了异常宏大的社会整合理论。他提出了AGIL 结构功能框架模型，认为不论是对宏观的社会系统还是对微观的个体社会行动来说，都必然要有整合（即 AGIL 中的 I：intergration）的功能结构，不然就会出现紊乱和不协调现象。

对帕森斯而言，社会整合就是调整和协调系统内部的各套结构，防止任何严重的紧张关系和不一致对系统的瓦解，即要保证"社会体系内各部门的和谐关系，使体系达到均衡状态，避免变迁；体系内已有成分的维持，以对抗外来的压力"[①]。如果把整个社会当成一个系统来看待的话，其整合理论就是要以更小的子系统作为分析单位，通过对子系统的有效管控而实现和达到社会这个最高层级的系统的内部均衡。

当然，在帕森斯的继承者洛克伍德那里，他认为前者的社会整合理论由于太过于宏观，其所关注的实际上是社会各系统之间的协调与整合，而微观层面上即个人如何融入社会并没有被很好地涉及。因此，洛克伍德提出了"系统整合"和"社会整合"的区分，帕森斯所研究的社会整合其实是"系统整合"，即关注的是组成社会系统的社会单元之间的关系，而洛氏的社会整合则主要关注行动者之间的或有序或冲突的关系。[②]

社会整合理论对本书的指导作用非常重要，不仅仅是因为地域社会的整合本身是笔者的主要研究内容，还因为它对当前社会所需要的有效社会治理能够带来一些启示。处在同一地域社会中的各个村落对该地域社会来说就是子系统，村落之间的联系也就是各个子系统之间的联系。而当我们把社会系统进一步提升至国家层面的时候，前述具体的地域社会又会成为整体社会的一个子系统。每一个子系统都需要通过各种方式达到内部的整合，才有可能引导整体社会整合的最终实现。这也是本书研究的现实意义所在。

---

① 蒋逸民：《西方社会学视野中的"和谐社会"及其启示》，《华东师范大学学报》（哲学社会科学版）2010 年第 4 期。

② 吴晓林：《社会整合理论的起源与发展：国外研究的考察》，《国外理论动态》2013 年第 2 期。

(二) 场域理论

皮埃尔·布迪厄的场域理论对本书的研究主题有一定的指导意义。场域理论又称实践理论，是布迪厄在《实践理论大纲》[①] 中最早提出来的，并在《实践感》[②] 一书中进行了深入分析。他认为实践活动是包含外在性内化与内在性外化的双向互动过程。他的实践理论主要体现为四个关键概念：场域、惯习、资本和策略。根据布迪厄的社会实践理论体系，场域可以理解为，处在不同位置的行动者在各自惯习的指引下，依靠各自拥有的资本进行斗争的场所。

布迪厄认为，惯习来自于行动者长期的实践活动，一旦经验内化为人们的意识去指挥和调动行动者的行为时，就成为行动者的行为方式、生活模式、行为策略等行动和精神的强有力的生成机制。惯习是历史的产物，确保既往经验的有效在场，保证行动者实践活动的一致性；惯习具有创造性，能自由地生成思想、感知、语言、行为等产品，这些产品又总是受限于生成惯习的历史和社会条件。惯习之所以发挥作用，在于它不被人所认识又不以人的意志为转移。

布迪厄把资本定义为行动者的社会实践工具，他的资本概念包含经济资本、文化资本、社会资本和符号资本等含义，这一概念使行动者的实践工具从经济领域扩展到符号和非物质领域，深化了人们对实践工具概念的认识。资本相当于社会物理学中的能量，行动者排他性地拥有资本，就可以占有体现为物化的或活的劳动形式的社会能量。布迪厄特别强调，一个关系网络的存在，并非是自然给定的，甚至也不是社会给定的，是行动者投资策略的产物，不断经营的结果。

处在一个地域社会中的村落群实际上相当于布迪厄所说的一个"场域"。场域是由社会成员按照特定的逻辑要求共同建设的，是社会个体参与社会活动的主要场所。"我们可以把场域设想为一个空间，在这个空间里，场域的效果得以发挥，并且，由于这种效果的存在，对任何与这个空间有所关联的对象，都不能仅凭所研究对象的内在性质予以解

[①] [法] 皮埃尔·布尔迪厄：《实践理论大纲》，高振华、李思宇译，中国人民大学出版社 2017 年版。

[②] [法] 皮埃尔·布尔迪厄：《实践感》，蒋梓骅译，译林出版社 2003 年版。

释。场域的界限位于场域效果停止作用的地方。"① 场域是由社会成员按照特定的逻辑要求共同建设的，是社会个体参与社会活动的主要场所。不过在布迪厄的论述中，较少关注日常生活中人们的交往，而把关注的中心更多地放在了权力和斗争上，虽然在村落之间的关系和交往中也会存在着类似于竞争的现象，但是从整体上来看和本书所描述的场景并不是十分吻合。然而在其理论中提到的"在一个场域中人们不断地通过相互之间的联系，而达到了自身与场域之间的融合"②，是和本书的研究主旨相吻合的。显然，地域社会的形成及整合程度与生活在其中的人们之间的交往互动高度相关。

（三）社会交往理论

社会交往是主体与客体、主体与主体之间相互联系、相互作用的活动方式，是社会生活方式的一个重要内容。③ 人类的文明史就是一部不断走向开放的交往史，从封闭走向开放是当代社会交往的一个最重要的时代特征。④ 由于中国本土社会学和人类学理论起步较晚，相关理论与学科主要还是以借鉴西方学术界已有界说为主。社会交往理论即是其中重要方面，不过社会交往理论本身在西方社会学理论中也有诸多不同的表现形式。

社会交往概念是马克思用来分析人类社会过程的重要范畴，他曾说："社会——不管其形式如何——究竟是什么呢？是人们交互作用的产物。"⑤ 他认为社会交往指的是人们在生产及其他社会活动中发生的相互联系、交流和交换，并用社会交往概念论述了历史唯物主义的理论、用社会交往这个范畴论证了人类社会发展的过程，指出了社会交往对人类社会的产生、满足人的需要、促进社会可持续发展的功能及重要性。

符号互动论提出者美国社会学家乔治·米德也研究了微观层面上的

---

① ［法］布迪厄·华康德：《实践与反思——反思社会学导引》，李康、李猛译，中央编译出版社 1998 年版。
② 同上书，第 138 页。
③ 董鸿扬：《论开放式社会交往》，《宁夏社会科学》1988 年第 2 期。
④ 同上。
⑤ 《马克思恩格斯全集》（第 27 卷），人民出版社 1972 年版，第 477 页。

人类社会交往行为，强调"人类互动在很大程度上是受文化意义的影响"①。布鲁默则总结了互动论的三个基本原理：第一，我们依据我们对事物所赋予的意义而对其采取行动；第二，我们所赋予的事物的意义源于社会互动；第三，在任何情况下，为了赋予某种情境以意义，并决定怎样采取行动，我们都要经历一个内在的阐释过程——我们"与我们自己交流"。在我们行动时，我们必须调整我们的行为，以便与其他人在同一社会情境下的行动和思想达成一致。②

托马斯作为互动理论的继承者，是情境定义（Shared Definitions）概念的创造者。所谓情境定义是指人们通过社会互动发展他们所需要的定义。根据他人所提供的关于他们自身的信息，特别是通过他们的行为模式，一个人可以领会期待什么和被期待什么。③ 因此在互动理论看来，人们之间的互动与交往是基于某种情境的定义，相互之间的互动首先要对情境有共同的认识与定义。推开来说，这里所说的共同情境自然包括了共同的历史和文化背景，这显然也是地域社会共同体的各个组成部分在进行社会交往活动时总的背景。

（四）文化网络理论

如前所述，文化网络理论是杜赞奇的重要论述。文化网络模式是动荡年代"经纪统治"的产物，在该模式下，村庄内生的非科层化单位、非正式社会关联网络赋予了传统村庄社会一定程度的自我治理能力。④ 杜赞奇认为"文化网络"中的"文化"是指根植于各种权力组织中、为组织成员所认同的象征和规范，这些规范包括宗教信仰、内心爱憎、亲亲仇仇等。而文化网络由乡村社会中多种组织体系，以及塑造权力运作的各种规范构成，这些规范不能用市场体系或其他体系来概括或取代，它是由各种集团和组织交织而成的天衣无缝的网络。因此，这一网络是权威存在和施展的基础，任何追求公共目标的个人和集团都必须在

---

① ［美］戴维·波普诺：《社会学》，李强译，中国人民大学出版社2007年版，第131页。
② 同上。
③ 同上。
④ 吴春梅、石绍成：《文化网络、科层控制与乡政村治——以村庄治理权力模式的变迁为分析视角》，《江汉论坛》2011年第3期。

这一网络中活动。正是文化网络,而不是地理区域或其他别的等级组织构成了乡村及其政治参照坐标和活动范围。[①]

在社会学领域,社会网络和社会资本理论是当代新兴起的重要流派。它的兴起与格兰诺维特的研究有关,而在当代的中国社会学研究中很多学者都受到了格式理论的重要影响。网络分析者在社会关系的层次上将微观社会网和宏观的社会结构联结起来,格氏在其《弱连带的优势》[②]一文中开头就开宗明义地说,社会网络理论的提出是要为微观行为与宏观行为之间建立一座桥。如何做到这点呢?格氏提出"嵌入理论"(Embeddedness Theory)。嵌入性观点的研究重点就是在一个网络之中个人如何透过关系,在动态的互动过程中相互影响,不但影响个体的行动,也改变相互的关系,从而影响整体结构。[③]

格兰诺维特从"嵌入理论"出发,认为在经济活动中行动者嵌入于具体的人际关系和网络之中,使行动者之间产生的彼此的信任感,就能有效地阻止各种互相破坏、互相欺诈行为的发生,从而维持了经济秩序,同时也降低或节省了为防止欺诈、破坏及处理争端所需的交易成本。[④] 这里虽然主要是针对行动者的经济活动而言的,但是对人们的社会性活动显然也是一样具有解释力。

网络分析者认为,整个社会是由一个相互交错或平行的网络所构成的大系统。网络研究者关注社会网络的结构及其对社会行为的影响,研究深层的社会结构即隐藏在社会系统的复杂表象之下的固定关系模式。[⑤] 社会网络分析建立在如下基本假定的基础之上:1. 互动单位之间的关系是最重要的。2. 社会网络分析技术的日益成熟和不断完善以及研究领域的逐步扩张,挑战了传统的阶级结构观在社会结构研究中的主导地位。3. 社会网络分析的概念和测量技术为理解个人与个人、个人与社会之间关系的网状结构提供了一个全新的理论视角和测量工具。

---

① 杜赞奇:《文化、权利与国家——1900—1942年的华北农村》,王福明译,江苏人民出版社1996年版,第5页。
② 格兰诺维特:《镶嵌:社会网与经济行动》,罗家德译,社科文献出版社2007年版。
③ 汤汇道:《社会网络分析法述评》,《学术界》2009年第3期。
④ 胡荣、林本:《社会网络与信任》,《湖南师范大学社会科学学报》2013年第4期。
⑤ 张文宏:《社会网络分析的范式特征——兼论网络结构观与地位结构观的联系和区别》,《江海学刊》2007年第5期。

二 研究思路

（一）任何一项研究都离不开前辈学者已有理论和资料的指导和借鉴。他们的研究有的偏重理论，有的偏重实证。理论能够起到指导作用，从较为宏观的角度提供概括性的指导，而后者则能为后继者的研究提供资料借鉴，其中不乏可以直接使用对比的资料。因此，在开展一项新的研究之前，首先要仔细研读和梳理前辈学人的研究成果。本书在开始正式写作之前，已经做了大量的相关工作，这在前文的文献综述中已有所体现。当然，文献阅读的工作是无限的，在今后的研究过程中随时会有一些新的资料文献进入笔者的视野中来。在有了一定的相关知识和理论储备之后，深入相关少数民族调查地区进行调查研究。虽然在正式进入田野点之前，我们作了一份较为详细的调查提纲，但是在进入该地区之后，所进行的调查活动虽然主要围绕事先拟定的提纲进行，但是随时会进行发散式的调查询问，所以获得的资料将会是随机的。我们最后所得到的资料将是比较全面且繁杂的资料。我们的原则是尽量多搜集资料，即便当时看起来似乎是"没用"的。

本书主要将以黎族杞方言区的三个村落为研究对象来展开研究。这三个自然村的地理位置处在学术上著名的"合亩制"地区。合亩制是该地区黎族社会中一种具有原始社会色彩的共耕制度，这在后文中将会具体介绍。本书中所研究的三个黎族村落由于地理位置较为接近，又有相似的合亩制历史传统，因而相互之间的联系是十分紧密的。不过，虽然笔者将主要内容聚焦在这三个村落之间的社会交往之上，但是调查的内容并不局限于此。其与其他村落，尤其是距离较远、血缘与婚姻联系较少的村落之间的关系笔者也有所关注。

（二）笔者将已有调查资料和研究成果进行对比，分析该地区传统与现代的关系，并将其放到整体社会环境和历史背景下进行理解。我们着重分析了那些传统地域社会中存在并延续至今的本质内容，并分析这种现象的原因。文化变迁是一个永恒的课题，这个过程贯穿社会发展变化的始终，也就是我们现在的文化和之前任何一个时期的文化都有不同的表现形式，但是文化变迁是有规律的，笔者甚至认为文化变迁总有一条不变的主线或者说是本质的东西。那就是文化的核心价值、文化基因。本书要做的工作，就是要通过历史和现实的分析，寻找本地黎族地区文化变迁的核心与本质内容。从表象上来看，现在的黎族村落及村落间文化和传统合亩制时期的文化不可同日而语，甚至似乎已经丧失殆尽了；本地区的文化和其他黎族地区的文化在同一个时代也会有不同的表现形式。但是实际上，从纵向角度来看，文化基因的确是存在的，并始终影响着现今文化的表现形式；至于从横向空间角度来看，笔者认为也应该有一种共同的理论逻辑将其联系起来。当然，本书主要是从前一个角度来审视，至于后者则要等以后条件允许时才能进行深入的研究了。

三　研究方法

在各学科相互交叉、相互借鉴的当今社会，简单纯粹的使用某一个学科理论与方法来进行学术研究，已经是不可能的事情了。具体到本书的研究方法方面，笔者将综合使用社会学、人类学和民族学以及历史学等学科的研究方法，注重田野调查资料的搜集，仔细阅读前辈学者已经获得的工作成果，并且进行一个纵向的历史对比，从而对当前所研究社会现象的前世今生有比较深刻的理解。总体来看，本研究主要以社会学的定性研究为主，具体而言有以下几种研究方法。

（一）文献研究法。由于本研究中所涉及的黎族杞支系地区在20世纪50年代以后已经有了较多的社会调查研究，这对我们了解当地传统及其变迁来说是十分有利的。这些历史资料的记载主要以文献资料的形式存在，其对缺少具象图景的传统时期来说无疑具有塑造过往场景的作用。文献资料虽然不能提供十分鲜活而具体的场景，但是至少对传统社会中的某些核心内容是可以加以呈现出来的。此外，文献研究对下面提及的历史比较法也提供了更多的可用以比较的资料。

（二）历史比较法。史徒华认为，"人类学在社会科学中能够独树一帜大致是因为人类学用一种历史的与比较的研究途径来研究文化。其目标有二：描述世界上的各种不同文化，与解释不同文化的发展"[①]。

---

① ［美］史徒华：《文化变迁的理论》，张恭启译，远流出版事业股份有限公司1989年版，第5页。

当然历史与比较的研究方法并不是人类学研究方法的本质特征，只是众多人类学研究方法中的一种而已。但是它无疑是很重要而且卓有成效的人类学研究方法。在本书中，将对调研对象村落的历史尤其是在传统合亩制时期的相关情况进行调查和了解，然后与现代黎族社会的变迁进行纵向的对比。同时，横向对比也是重要的，比如本地村落内及村落之间的关系与其他黎族方言区之间就存在着较大的表现形式的不同。当然，笔者将指出这种不同不过是形式上的，本质层面上也许并没有什么不一致的地方。

（三）田野调查法。作为一本民族学人类学的作品，田野调查方法的使用首当其冲。田野调查首要的是参与观察；其次是（深入）访谈。田野调查的时间必须足够充足，因为这样才能建立起和调查对象之间的稳定关系。在田野调查工作中，笔者也会结合使用人类学影像民族志的方法来记录相关资料。笔者在海南五指山腹地选择了三个具有代表性的村落作为研究对象，对其进行深入的调查。从时间跨度上来看长达四年。在选取调查点的时候，首先考虑那些前辈学者曾经调查过的村落，以便能够进行对比式的研究。

第四节 研究内容与创新

一 主要内容

（一）由三个黎族村落构成的地域社会的基本情况研究，包括自然地理环境和人文历史环境。有很多因素会影响到地域社会的整合，包括血缘关系、地缘关系、朋友关系等，笔者将着重研究通婚关系对地域社会整合的影响。尤其注意的是个别婚姻关系会被推及整个村庄之间联姻关系的建立方面，我们将把这种关系称作"形式亲缘关系"，以区别与传统人类学意义上的"拟亲属关系"，这两个概念在后文将做具体分析。本地区集团性的大规模村落联系主要是通过血缘关系联系起来的，血缘关系包括了家族关系和姻亲关系。血缘关系在人们社会交往方面的作用在其他民族和地区亦普遍存在，但是根据笔者的理解，在此地这种关系带来的影响显然更大。

（二）从历史和现实的角度来研究该地区村落间关系状况及其联结

方式。在解放初期，该地域社会还处在原始公社时期末期，具有很浓厚的原始公社残余痕迹，"合亩制"就发现于此，其时的"峒"组织是该地村落联盟组织的一种形式。我们将研究分析前后两个历史时期村际间关系模式存在着何种异同与联系。受时代变迁的影响，海南黎族村落及村落间关系也发生了形式上的变化，但传统地域社会中紧密的村落间联系没有发生本质的变化。村落间的紧密联系能够保持并存续下来与该地区传统习俗文化尤其是聚会习俗有重要关系。人们在众多的、有些是刻意制造出来的酒席聚会中增加了社会交往，地域社会也因之而形成。

（三）三个村落之间人们相互交往的具体内容及形式，以及它们通过何种逻辑促进村落间紧密关系的形成。村落间紧密联系的形成或者所谓的某种意义上的村落联盟又是通过何种方式影响和实现地域社会的整合。表面上看起来矛盾甚至冲突的地域社会不同研究理论视角都可以统合到一个共同的理论解释上来，即地域社会村落间密切关系源于相互交往主体经常处在"村际场域"构建的过程之中，只不过不同的解释视角所理解的用以达成"村际场域"构建的手段和方式不同而已。

二 研究创新

（一）研究观点的创新。如前所述，"场域"概念是著名社会学家布迪厄提出来的，并且被后来的许多学者所借鉴使用。"场域"是由社会成员按照特定的逻辑要求共同建设的，是社会个体参与社会活动的主要场所，布迪厄主要是从政治和权力斗争的角度来使用它。笔者在本书中也要借用他的"场域"提出"村际场域"概念，并应用于村际关系的研究上。"村际场域"主要是指各个村落间人们因频繁的相互间交往活动而构建出来的共同空间，这个新的概念将作为解释地域社会形成及其整合的逻辑工具而被使用。该概念除了形式上的创新之外，也因为它所指涉更多的是人们的日常生活项目。在观点创新方面，笔者提出了与主流的学术论点不一样的观点，即我们认为激烈的社会变迁并不必然伴随着核心价值层面内容的本质变化。而按照一般的理论，社会的发展与变化将会是天翻地覆的，社会发展的实践本身似乎也给我们这样的暗示，表现为如今的社会文化内容形式和传统社会格格不入。但实际上历史的联系割舍不尽，变化再大也会存在千丝万缕的联系，只是在不同的时代以不同的形式呈现出来而已。

（二）研究视角的创新。根据笔者的阅读，经典的关于中国基层社会的研究关注焦点主要为汉族地区，较少将少数民族地区作为研究对象，这主要和汉族是中国社会的主体民族且广布全国有关。本书所选取的研究对象为少数民族地区，由于历史原因，中西部少数民族地区的社会经济发展水平普遍较低，社会形态上保留了更多的传统社会特征。所以，笔者认为通过对少数民族地区的研究，能够更加贴近传统，以便进行比较性的研究。

第五节 相关概念界定

一 社会整合

在一般意义上，"社会整合"是指社会不同的因素、部分结合为一个统一、协调整体的过程及结果。亦称社会一体化，它是与社会解体、社会解组相对应的社会学范畴。社会整合的可能性在于人们共同的利益以及在广义上对人们发挥控制、制约作用的文化、制度、价值观念和各种社会规范。[1]

在理论观照部分，笔者已经提到了以帕森斯为代表的社会整合理论，但是本书中所指的社会整合与帕氏有所区别。最主要的区别就在于前者是在抽象与宏观的层次上来使用的，而本书则是在中观且具体的层面上来使用的。这与帕森斯理论本身的宏观性有关，也和西方社会学理论的抽象性传统有关。

本书中的社会整合主要与地域社会相连，也就是具体到某一个基层社会内部一致有序而和谐的状态。在这一状态下，地域社会的构成部分即各个村落之间的关系十分融洽与和谐。虽然它们之间有可能会存在一些紧张关系，但是这种紧张关系更多的是一种不和谐的音符，最终会被消解在整体的和谐之下。

---

[1] 此一定义请参见百度百科"社会整合"条目。

社会整合既是一种状态，同时也是一个过程，即通过达到这种和谐状态的各种手段和工具的使用来实现这一目标的动态过程。基层地域社会的整合手段是多种多样的，如施坚雅基层市场共同体理论中的集市手段以及弗里德曼宗族社会理论的祭祖联宗手段都属于此。

某一特定地域的社会整合状态能否形成主要依赖于生活于此地的人们是否有共同的文化背景和共享的规范，以及要确保如果有人破坏了这种和谐状态会受到足够严厉的惩罚。这在传统的"熟人社会"里是很容易做到的，因为人们的流动性很弱，生活在乡土社会中的人们始终处在熟人的监督之中，破坏共享规范所要受到的损失将会是巨大的。

但是在现代社会，基层社会的整合会走向另外一种状况，即随着异质性和流动性的增加，人们违反规范所会受到的惩罚相对来说较小，从整体效果来看就容易导致地域社会整合的失败。从这个意义上来说，传统社会的社会整合机制值得我们借鉴并对当前的基层社会治理产生积极的影响。

二 村落联盟与准村落联盟

在笔者所涉文献中，只有唐晓涛在其历史学论文中提及"村落联盟"概念[1]，如前文所述，其所谓"村落联盟"实际上并不是村落之间的聚集，而不过是一种地域社会的分层概念而已，与其字面意义相去甚远。在社会学和人类学领域几乎没有这一概念的应用。笔者认为，在学术界与"村落联盟"最为接近的概念当属"部落联盟"，这个概念是人们普遍耳熟能详的。

"部落联盟"首先在摩尔根的《古代社会》中被提及，但是它的流行则是因为出现在马克思主义（主要是恩格斯）关于人类社会发展进程的论述之中，后者借鉴参考摩尔根的研究提出了自己关于人类历史进程的理论。经过对印第安原始部落的调查研究，摩尔根认为那些原始部落居民经历氏族、胞族、部落、部落联盟四个发展阶段，其中氏族和部落是基本的组织形式。部落结合组成联盟，其中易洛魁人的联盟具有典

---

[1] 唐晓涛：《清中后期村落联盟的形成及其对地方社会的意义——以"拜上帝会"基地广西浔州府为例》，《清史研究》2010年第3期。

型性，也是最高的社会组织形式。①

摩尔根指出，"产生联盟的条件和组成联盟的原则非常简单……一个部落一旦分化为几个部落之后，这几个部落各自独占一块领土而其领土互相邻接，于是它们便以同宗氏族为基础，以方言接近为基础，重新结合成更高一级的组织，这就是联盟……联盟以氏族为基础和核心，以共同语系为范围"②。摩尔根还结合易洛魁联盟这一个案概括了部落联盟的一般特征③，即除了有血缘关系之外，还要有较为正式的组织形式，尤其表现在部落联盟领袖的产生和罢免上。

摩尔根的研究是基于较为原始的印第安人社会的基础之上的，那时的人们流动性比较大，因此人们主要以部落而非村落的形式生活在一起。在文明社会，人们基本上实现了定居生活，固定化村落的形成就成了自然。在这种情况下，笔者认为"部落联盟"实际上就成了"村落联盟"。两者的构成原则应该是基本相同的。

因此，"村落联盟"是具有一定的血缘关系基础的，由具有较为正式的方式组织起来的村落聚群。村落联盟具有很强的地方政治色彩，各主体会相互保护、履行各自义务。当然，从当前的政治形态而言，这种颇有拉帮结派意味的地方政治形式是不被主流文化所许可的。

---

① 王三义：《"部落联盟模式"的由来——〈落联盟还是民族〉文引发的思考》，《史学理论研究》2005 年第 2 期。

② ［美］摩尔根：《古代社会》（上），杨东莼、马雍、马巨译，商务印书馆 1997 年版，第 121 页。

③ 具体为：（一）联盟是五个部落的联合组织，由同宗氏族组成，在一个建立于平等基础上的政府的领导下；凡属地方自治有关事宜，各部落均保留独立处理之权。（二）联盟设立一个首领全权大会，参加此会的首领名额有固定的限制，其级别与权威一律平等，此会议掌握有关联盟一切事宜的最高权力。（三）设置五十名首领，各授以终身的名号，这五十名首领分配在各个部落的某些氏族中；这些氏族有补缺之权，即每逢出缺时，由本氏族在自己的成员中选人补任之，本氏族如有正当理由亦有权罢免其族之首领；但对这些首领的正式授职权则属于首领全权大会。（四）联盟的首领也就是他们各自所属部落的首领，他们同各部落的酋帅一道分别组成各部落会议，凡专属某部落之一切事项则由该部落会议全权处理之。（五）每一项公共法令必须得到联盟会议的一致通过始为有效。（六）首领全权大会是按部落为单位投票的，因而每一部落都可以对其他部落投反对的一票。（七）每一部落会议都有权召集全权大会；但全权大会无自行召集之权。（八）任何人都可以在全权大会上发表演说来讨论公共问题；但决定权属于大会。（九）联盟无最高行政长官或正式首脑。（十）他们体验到有必要设置最高军事统帅，为此设立双职，使两个统帅可以互相节制。这两名最高军事酋长的权力是平等的。参见 ［美］摩尔根《古代社会》（上），杨东莼、马雍、马巨译，商务印书馆 1997 年版，第 125—126 页。

在现代国家体系中,"村落联盟"这种传统基层社会实践已经被排斥了,尤其是那些类似于血亲复仇的内容更是被现代文明所拒绝。作为地方性政治组织形式的"村落联盟"已经丧失了其存在的土壤。这是笔者提出"准村落联盟"的历史背景。简而言之,"准村落联盟"是指剥离了传统"村落联盟"的本质与核心内容,但是在一些方面又具有传统"村落联盟"的形式特征。构成"准村落联盟"的各个村落的紧密关系是十分鲜明的。

三 合亩制

"合亩制"是五指山地区杞方言黎族村落历史上所特有的一种本土性家族共耕制度,在这一制度下,同属一个合亩的所有成员一起工作,并且按照家庭平均分配粮食,其中土地等生产资料所有权大部分为私有。"合亩制"于20世纪50年代被发现并为外界所知晓,一直延续到合作化运动时期,至于其产生的具体年代已经无从考究。

"合亩制"地区是有特定的地理位置的限制的,并不是所有的杞方言黎族地区都为"合亩制"地区。合亩制的实施主体仅是杞方言黎族的极小部分而已。具体而言,"合亩地区,指的是五指山中心地区,即保亭、琼中、乐东三县的交界处,人口约一万三千多,是黎族地区中很小的一部分。这部分地区的生产力发展水平更低,直到解放前夕,还保留着浓厚的原始公社制的残余,各种经济因素较复杂,存在着较多的特点"[1]。

从一般意义上来看,"合亩制"不是简单的一种经济制度,而是综合性社会制度。合亩的首领即亩头往往是村庄社会生活的多面手,既承担了组织生产的头人角色又承担了政治领袖的角色。村庄内部的事务基本上由亩头来安排和组织,至于重要的村庄对外交往活动也主要由他们带领其他群众来完成。这种传统时期的政治和社会实践在当地社会中仍然有所体现。

---

[1] 中国科学院民族研究所、广东少数民族社会历史调查组:《黎族简史简志合编(初稿)》,1963年版,第56页。

第六节 田野调查经历

田野调查经历可以分成以下几个阶段：

第一阶段，2011年7月，笔者和课题组成员在罗文雄先生[①]的带领下，在传统合亩制地区进行了走访。这一次的主要任务是选择并确定一个具有代表性的传统合亩制村庄。罗先生带着我们在毛道、番阳、毛阳等几个乡镇考察了一遍，同时还带我们去了并非合亩制区域的万冲镇，使我们对该地区整体情况有了一个大致的了解。

7月正是该地雨季到来的月份，当地局地气候的变化让我们印象深刻，经常几分钟前还是晴天，但马上又是大雨倾盆而下。有些村庄因为没有进行道路硬化，必须踩着泥泞的土路才能进入。不过由于有了基层干部的配合，我们的工作还是非常顺利的。

最后，在罗先生的建议下，我们确定将毛道乡毛道行政村的南门自然村作为蹲点调查的村庄。原因主要有：（一）20世纪50年代的调查资料中也提到了这个村，可以进行资料对比；（二）南门村的人口规模大小合适，对于田野调查者来说容易进行针对性的工作；（三）由于地理位置十分偏僻，传统文化保留相对较多。

第二阶段，2012年春节，笔者正式进入南门村进行田野调查。在南门村黄进宝队长的安排下，我们吃住在村民梁敬英家。"房东"梁敬英是个热心村民，在村里属于活跃人物，村庄中的大事小情她都会积极参与。更为有幸的是，她还是一位十分健谈的村民，在后来的几次蹲点调查中，她都提供了非常重要的资料。

这次调查从2011年寒假开始一直持续到年后的初七。[②] 在这一个多月的时间里，我们主要按照事先拟好的调查提纲对相关资料进行搜集。虽然其间我们跟着南门村民到周边的其他村庄参与一些社会交往活动，但是调查内容主要限制在本村范围之中，而没有把调查触角伸往别处。

[①] 罗文雄现为海南省民族博物馆的副馆长，虽然他自己属于乐东的哈方言黎族，但是由于特殊的身份，对其他几个不同的黎族支系也有非常深刻的研究。

[②] 即从2011年12月28日至2012年1月29日。

与村民访谈的时间是不固定的,在白天或者晚上都会随时进行。由于这时已经进入冬季,橡胶已经停割,村民们不再需要早睡早起,和忙碌的其他季节相比,我们也可以比较容易地接触到村民们了解情况。只要时间和身体状况允许,我们在结束访问后一般都会在晚上休息之前将其录入电脑,将访谈笔记制成电子文档。这里之所以要强调"身体状况允许",是因为我们实际上时不时会处在"身体状况不允许"的情况下:只要晚上村里有酒席,就会醉倒。如果遇到这种情况,就只好在第二天找时间整理前一天的资料。

这个月我们总共搜集和整理了6万字左右的材料。

第三阶段,2013年寒假期间[①],笔者第三次进入五指山。由于在寒假开始之前,笔者已经进行了博士论文的开题,并明确把黎族传统"合亩制"地区的村落间关系作为研究的主题确定下来,这一次社会调查的范围就不仅仅局限在南门村了,而是几个村落。

按照前几次驻村期间对南门村与周边村落间交往活动的观察,笔者决定把什守村和南打村纳入自己的研究对象中来。这三个村庄虽然并没有完全处在一个乡镇行政区域,但是这并不影响它们相互之间的亲密交往。它们之间的交往甚至比与属同一行政区域的其他村庄间的联系还要频密。这种紧密的联系具有历史的传承性,建立在相互之间的通婚和血缘基础之上。

在这之后,笔者又两次进入这三个村庄进行了补充资料的搜集和调查。整个调查过程前前后后算起来应该有将近三个月的时间。作为一个习惯于在北方学习和工作的调查者,笔者花了较长的时间才慢慢适应了该地区的生活。虽然没有水土不服的明显反应,但要努力去克服语言、饮食甚至还有如厕这样的问题时还是很具有挑战性的。

不过,应该说整个调查过程还是比较顺利的,这与本地黎族群众的淳朴有很大的关系。当然,按照当地村民后来的描述,他们一开始对笔者的到来也抱着怀疑态度,甚至私下议论是不是打着干部的旗号去骗钱的。好在他们并没有明显地表现出不配合或者排斥我们。我们也用自己的努力和真情让他们消除了心中的疑虑。

---

① 2013年1月20日—2月8日。

在调查工作期间，我们吃住在农家，并且还参与了黎族群众的一些生产活动，和当地的农民建立起了较深厚的感情。乃至于在每次调查结束时，村民们都会给笔者喝酒送行，并按照本地风俗在笔者的旅行箱中放上一包糯米，祝笔者平安顺利。

第二章

走近三个黎村

本文三个田野点都曾经为传统合亩制村落，地处海南省五指山市。它们分别是南门村、什守村和南打村。其中南门和什守在历史上属于一个村，它们与已经消失的另外四个村共同被外村称作"雅袁"村，现在则是毛道乡毛道行政村的两个自然村组。南打村属于本市番阳镇番阳行政村的一个自然村组，在该行政村中编号第九，因此外村称之为番阳九队或者更为简洁的"九队"。从行政区划上来看，"雅袁二村"与南打村从来分属不同行政区，甚至在建市之前还分属不同的县，直到最近也还分属不同的乡镇。但是三村之间的联系却是十分紧密的，这点从来没有发生过变化。

五指山市是一个年轻的城市，仅仅是在2001年7月才有了现在的称呼，之前则以通什市称之。即便如此，作为县级单位的通什市本身历史也并不久远，这在下文中将会提及。五指山市位于海南岛中南部五指山腹地，地处北纬18°38′—19°02′，东经109°19′—109°44′，东邻琼中黎族苗族自治县，西接乐东黎族自治县，南抵保亭黎族苗族自治县，北濒白沙黎族自治县、琼中黎族苗族自治县。市境东西最大距离43.1公里，南北最大距离45公里，总面积112889.63公顷，占海南省土地面积的3.19%。境内多山地丘陵，最高海拔为五指山1867.1米，是海南省最高峰。最低处布伦河口处，海拔为165米。五指山市的市委、市政府驻地为冲山镇，海榆中线从中穿过，北距省会海口市223公里，南距三亚市88公里。[①]

---

① 五指山市地方志编纂委员会：《通什市志》，方志出版社2009年版，第61页。

五指山市属热带海洋性季风气候，夏无酷暑，冬无严寒。昼夜温差大，阳光充足。年平均气温为20℃左右。最高气温很少超过35℃，低温则不会低于0℃。温暖宜人的气候使热带蔬菜和瓜果都适合在这里种植。胡椒、芭蕉、芒果、荔枝、槟榔、椰子等热带植物是本地的传统作物。如今，橡胶作为本地区的主导性经济作物被人们所重视而大量种植。该地区年降雨量十分充沛，但在各个季节分布不均，因此在一年中旱季、雨季分明。经常会出现不同程度的冬春旱。一般来说受台风影响较多的夏天（7月、8月、9月、10月）是雨季，降雨量约占全年雨量的95%。

在春夏秋三季，海南岛主导风向为东南风，其中影响最大的台风就是从东南方向而来；冬季受到北方冷空气影响时，会有西北风出现，但是影响力比较有限。台风主要发生于7月至10月，其中5月和9月最频繁。对当地人而言，台风是一把双刃剑，既带来了一定的水源，造就了温暖多湿的环境，有利于农作物的生产，但8级以上的强台风，对人们的生命财产和农作物的生长都有很强的破坏力。

这些特殊的自然环境因素，给祖祖辈辈生活在本地区的黎族人民打上了深刻的烙印。正是在这些自然环境条件的影响之下，黎族人民创造和发明了许许多多的在现代人看来比较奇异的本土性知识。人们日常生产生活习惯及风俗自然也与之有关。

第一节　自然与人文生境

一　自然生境

南门村、什守村（即雅袁二村）及其所属的毛道乡位于五指山市西部，两村距毛道乡政府分别为11公里和13公里，毛道乡政府所在地距市区17公里，是典型山区乡镇。昌化江的支流南圣河流经毛道地区就被称作毛道河，并经过番阳镇南打村汇入昌化江。雅袁二村在毛道河的西边，直线距离3公里左右，而从两村中间淌过的一条小溪也最终注入了毛道河。总体来讲，"雅袁"的交通是极为闭塞的。历史上该村村民与外界的联系都要靠翻山越岭来实现。

在1996年以前，本地村落之间仅有山间小道连通，主要用以步行，双轮摩托车勉强能够骑行。1996年由政府出资开通了土路,并于2000年进行了水泥硬化路面的建设。从此以后,本地区群众的出行与走亲访友就便利了不少,三轮摩托车甚至小汽车的数量也就日益增多了。

南打村位于五指山市的西北部,在番阳镇的南端,距离镇政府所在地4公里左右路程。从南打村到镇上必须经过一条十分险峻的沿毛道河往下游的小路,一直到毛道河与昌化江汇合处,然后接上海南省道S313(毛阳至九所)通往乐东等地。附近的群众甚至包括部分毛道人北上海口、南下乐东三亚基本上都会从这里出发。

由于地处五指山腹地,三村的海拔总体较高。按照小溪和毛道河的流经方向就可以看出,地势高度从什守、南门、南打依次往下。毛道河与昌化江下游的万冲则更低。雅袤二村所居处的丘陵海拔1000余米,地处一个类似于盆地的地带。这种相对不同的地势高度差异,对于农事活动来说存在着积极影响,这种影响尤其表现在水稻种植季节,地势高度所带来的细微的气温方面的差异是村际间农事活动互助现象之所以能够存在的基础。

乐东县的万冲镇是本地较为繁华的区域,与五指山市的番阳镇接壤。万冲居民也主要是黎族群众,但是他们属于黎族的另一支系即"哈方言黎族"。虽然地处另外一县,但是由于历史传统,包括番阳及毛道在内的很多村庄都十分热衷于到万冲买卖货物,而番阳镇和毛道乡政府所在地则显得较为冷清。对于雅袤二村来说,在以前道路不太畅通之时,人们前往万冲最便捷的方法是往西翻过几座大山;而在如今交往便利之后,人们骑摩托车前往万冲和番阳都要经过南打村,车程要比以前远了很多。不过,这并不能阻止人们舍近求远前往万冲玩耍与购物。

由于受到自然环境的影响,本地黎族群众的居所依照山坡走势而建。以前往往就地建造茅草房,近来政府提倡并出资扶持村民建造砖瓦房,茅草房也就慢慢退出了历史舞台。由于近年来人口繁衍速度较快,原来的村庄居住空间有限,这几个村庄都出现了村庄规模的外扩现象。尤其是南门村和南打村,在老村不远的地方又发展出了各自的新村,但是村落的重新布局既没有在行政上重新分割而仍然属于一个自然村组,也没有从情感上将两者分割开来,因为村落的重新布局并没有按照家族和亲缘为标准，所有新老村村民之间的关系总体上还是保持原有的一致的。在什守村，由于地势相对比较开阔，村庄虽然没有进行"飞地"式的扩展，但是也有围绕老村进行的地域上的扩张。

在农业生产活动方面，本地区传统的作物种植结构主要是水稻①、香蕉、槟榔、木薯等作物。水稻种植一般为一年两季，当地群众比较重视第一季水稻的种植，而对第二季水稻则不太重视，原因在于本地区上半年气候较为干燥，水稻口感质量较好，而下半年台风肆虐、雨水也多，稻谷的产量和质量都会受到影响。在20世纪80年代以后，原先零散的橡胶种植逐步推广开来，迅速成为黎族群众主要的经济作物。此后，香蕉等经济作物就成了比较分散和随性的种植作物了。

二 人文生境

社会人文环境向来与自然环境密切相关。由于闭塞的自然环境，从总体上来说黎族地区文化较为落后，文化教育对此地人们来说是较为陌生的事物。人们不重视也没有条件接受正规的文化教育，尤其在被称作"生黎"的传统黎族地区，普遍意义上的文化教育即文字教育更是无从谈起。即便是在中央政府开始往腹地渗透时，能够接受学校教育的也仅有少数上层人士。但是文化的落后并不能和原始愚昧画等号，在黎族群众世代聚居的毛道乡，从来不缺具有本地区本民族特色的文化现象。

由于没有自己的文字，黎族群众的文化主要以口耳相传的形式进行创作和传承，且流传下来的主要是口头文学，以民歌、传说较多②。南方少数民族大多能歌善舞，海南黎族也不乏这一类民间艺术人才。在南门村所在的毛道村委会就有知名的女歌星③，擅长黎族歌曲，并将黎族文化传向外界。更为传统的黎族服饰编织技术，比如黎锦的编织等在此地皆可以被普遍地看到。在五指山市区，还建有海南省民族博物馆，里面收藏了大量的黎族特色展品，吸引了国内外游客前往参观。本地一些黎族青少年也会前往参观和接受本民族文化教育。

---

① 在2000年以前，本地区还普遍种植传统的山栏稻，之后为了保护生态环境而被禁止。
② 五指山市地方志编纂委员会：《通什市志》，方志出版社2009年版，第661—662页。
③ 黎族歌手黄婷丹，五指山市毛道乡毛道村人，被称为"五指山的百灵鸟"。

五指山地区是中国人民解放军琼崖纵队①的主要根据地，该部队的很多战士都从此地走上反抗原国民党政府的道路。在长达几十年的奋斗中，琼崖纵队创造了很大的奇迹，后人从其奋斗历史中总结出"琼崖纵队精神"，具体来说就是：爱国奉献精神、百折不挠精神、革命乐观精神、民族团结精神。五指山地区的黎族群众对国家的解放做出了巨大的贡献。

黎族民众虽然地处落后蛮荒之地，但是民风淳朴，热情好客。在笔者所至之处该地黎民是最突出的，比起经济发达地区的农村而言更是如此。邻里之间关系十分融洽，虽然一般都存在着血缘联系的原因，但其相互之间的信任与互助，还是让从外界进入的人们难以想象。人们之间的联系十分频繁，村际之间的关系也十分紧密。该地黎人嗜好饮酒，一有机会就要聚集豪饮，不醉不归。正因为如此，村民们之间谈得最多的便是某次喝酒某某醉后的表现等。

第二节　行政区划变迁②

宋代，以黎族峒首为基础的黎族土官制度初步确立。元代，封建王朝的势力直接深入五指山腹地，重用黎族峒首，推行黎族土官制度。黎族土官担任的职务有万户、千户、总管等职。明代永乐年间（1403—1424 年），明朝统治者在黎族地区实行土官土舍制，开始给倾心朝廷的黎族峒首以较高的政治地位和军事权力，"将各处峒首选其素能抚黎民者，授以巡检司职事，其弓兵就于黎人内签名应当，令其镇抚向化"，以加强对黎族人民的统治。

清代，黎族土官制主要是在黎族地区设峒长、总管（或黎总）、哨官、黎甲、黎长、黎首等职。黎族土官的主要职责是管理所属村峒的日常事务和遇有黎族人民造反时承担协助清军作战与招降之责。清光绪十二年（1886 年），广西提督冯子材率兵入琼"平黎"后，设立"抚黎

---

① 著名的《红色娘子军》的原型就是琼崖纵队的一个女兵连队。
② 本部分内容参考五指山市地方志编纂委员会：《通什市志》，方志出版社 2009 年版，第 837—838 页。

局"，作为统一管辖黎族地区的最高机构，下设总管、哨官、头家等官职，任用黎族内部原来的公众领袖，通过他们层层统治黎族人民。总管、哨官均为世袭制，头家多由群众推举，但也有少数世袭的。各人的职责视其所辖范围大小而定，总管一般是管一峒或数峒，哨官管数村，头家管一村。总管、哨官的职责是每年替官府催收钱粮，平时根据传统习惯处理峒内事务，维护社会秩序。一般没有强制性的行政权力。总管、哨官备大鼓一面，遇事或开会则击鼓传众。

民国时期，通什黎族合亩制地区仍保持着"峒"组织较为浓厚的传统。民国二十一年（1932年），琼崖绥靖委员公署增设琼崖抚黎局。次年8月，改琼崖抚黎局为民国二十四年（1935年）三月，国民党政府新设保亭、白沙、乐东三县，通什地区分属三县，推行乡、保、甲制度。此后很长一段时间，从县级行政归属方面来看基本没有太大变化。直到1986年6月12日，因为国务院批准设立通什市（县级），由原来三县①各分出一部分组成，其中就有保亭县的毛道区和乐东县的番阳区被划进了通什市。1988年4月，因为海南建省，通什市也升级为地级市。2001年7月，通什市更名为五指山市。

本书的研究对象南门村和什守村隶属毛道乡，是该乡毛道村委会下属的两个村民小组，当地民众按照历史习惯将其共称雅袁，这是因为这里当时存在六个具有兄弟血缘关系的村落，自成一峒即"雅袁峒"。毛道乡的行政归属变化频繁，十分复杂。大致而言，在民国二十四年（1935年）三月前，本地属崖县（今三亚市）管辖，之后因为政府在五指山地区划分出保亭、白沙和乐安（后乐东）三县，今毛道乡归保亭县管辖。民国时期，和全国同步，在基层实行了保甲制度，整个雅袁为

---

① 具体情况是：1986年6月12日，国务院批准设立通什市（县级）。以保亭县的畅好、红山、毛道、南圣区，琼中县的五指山、毛阳区，乐东县的番阳区及海南黎族苗族自治州直辖的通什镇为通什市的行政区域。隶属广东省海南黎族苗族自治州。至此，通什市管辖通什镇、畅好、红山、毛道、南圣、五指山、毛阳、番阳8个区镇，37个乡和10个管理区。1987年1月2日，通什市撤销红山等7个区公所、通什镇和什会等37个小乡建置，全市设立番阳镇、毛阳镇、南圣镇3个镇和红山乡、毛道乡、五指山乡、畅好乡4个乡及冲山街道办事处，下辖45个村民委员会和7个居民委员会。1987年1月25日，通什市正式挂牌。1987年12月，海南黎族苗族自治州撤销。通什市隶属海南行政区和海南建省筹备组。1988年4月，海南建省办经济特区，通什市隶属海南省，享受民族自治待遇。五指山市地方志编纂委员会：《通什市志》，方志出版社2009年版，第61—62页。

一保,其间南门村王老论①担任过甲长。雅袤以前姓刘,后来与毛道联盟,因为他们都姓黄,所以改姓了黄。

南打村现属于番阳镇的番阳村委会,在1986年成立通什市以前,隶属于乐东县管辖。因此,南打村和雅袤二村历史上曾经分属两个县级单位,由于新的行政区划的原因,变成了分属两个乡镇。不过不论行政区划做如何变化,对于村落本身来说实际上并没有什么重要影响,因为传统历史上本没有这种行政区划的存在,村际间的紧密联系建立在对于传统的遵循之上。

第三节 三个黎村概况

一 同饮一溪水的同姓之村:南门村和什守村

毛道乡在五指山市属于较为落后的乡镇,南门村和什守村则是毛道乡最偏远的两个自然村。南门村由于人口的繁衍,部分村民从老村分出,迁往一公里之外的地势较低处重新建起来新村。② 南门老村和什守村处在海拔1000余米以上的半山腰,后者海拔比前者还要高。在当地人看来,南门村和什守村是合为一体的,被称作"雅袤"。这是因为在现代行政体制进入这里之前,该地就存在着一个雅袤峒。历史上的雅袤由六个自然村构成,分别是南门、盖章、什守、什研、保空、马温。各村的名称都是以周围的自然物命名的。南门村的前面有一条泉水,相传曾出现过狭狸鱼,南门村人的祖先看到这条鱼钻进地里,便挖土寻找,挖到很深的地方,忽然涌出水流来,黎语称水为"南",称狭狸鱼为"门",由此得名。盖章村左边原有一株"志章"树,是村界的标志,在黎语中"盖"是"界线"之意,盖章村由此得名。什守村有许多田鼠,黎语称田为"什",称老鼠为"守",因

---

① 在资料中如此显示,笔者猜测应该姓黄。
② 在下文中,除非特别强调,南门村即是指南门老村。同样,南打村指的就是南打老村。

此得名。① 不过按照当前村民自己的解释，"南门"村本身黎族语言的意思是指"穿山甲穿了很多洞的地方"，这个和50年代在该地所做调查中所提到的并不一样。

随着时代的发展，原来的六个自然村逐渐演变与合并为现在的两个村了。雅袁以及南门、什守这些较为正式的村名主要用在外村村民对其的称呼，它们内部则以上村、下村互称，上村为什守、下村为南门。因为什守村在两村共用的小溪上游，南门村在下游。通过这种对双方村落的内部称呼，外人很容易推测出两者存在着血缘关系，因为人们从来都把两个村落视作一个整体而存在的，"上""下"二字本就整体而言才有意义。

按照《通什市志》的记载，雅袁的始祖原姓梁，住在"清集""清冲"②的深山大石洞里面，后迁到"抱瓦" "抱硬"③，再迁居"男巴"④，后又迁到"排南"⑤，约19世纪中叶才落脚到雅袁峒盖章村⑥定居，以后子孙繁衍，自成一峒，隶属毛道大峒。毛道大峒则属红毛峒总管管辖，因红毛峒总管姓王，雅袁峒民众也改姓王。白沙县红毛峒总管在出巡到毛道峒时，曾对大家说："我们都是兄弟，要团结，搞好生产。"因为他说是兄弟，于是凡受其管辖的毛道、毛枝等地的黎人都跟着总管姓王。⑦

南门村辈分最高也是年龄最长者黄德来，是本地十分重要的本土宗教从业者，也就是别的资料上所说的"道公"，他对于村庄的历史和过往是知道得最多的。按照他的叙说，雅袁的历史和上述记载基本吻合，整个雅袁都是由同一个祖宗发展而来，最早的祖宗生有二子，大哥在小溪的上游即今什守发展为五个村。小弟则在南门发家成村。村民们对两

---

① 五指山市地方志编纂委员会：《通什市志》，方志出版社2009年版，第773页。不过本地村民现在都姓"黄"而非"王"，他们认为自己祖先姓"刘"不姓"梁"，原因大概在于黎族群众没有自己的文字，口述与文字总存在差异。
② 今东方市西部。
③ 今三亚市东部。
④ 今五指山市番阳镇。
⑤ 今毛道乡南冲村后面。
⑥ 之前是雅袁六村的其中一村，如今属于什守村。
⑦ 五指山市地方志编纂委员会：《通什市志》，方志出版社2009年版，第194页。

村之间的血缘兄弟关系是十分清楚的,甚至能够比较清晰地区分出双方之间的辈分关系,并按照双方间的辈分相互称呼。由于存在事实上的血缘关系,两村之间绝对禁止通婚,即便与毛道地区别村的黄姓村民也不婚配,因为在历史上所有的黄姓民众都被认为具有血缘关系。

在集体化时期,该地所有自然村与今毛道村委会的其他自然村共属于一个生产大队,在村民的记忆中,还一起过吃大食堂,具体地址在现两村之间靠近小溪的地方。1960年以后分村耕作。就南门村而言,第一个祖宗生有两个儿子,老二生的孩子少,就是现在黄启国那一支;老大这一支的后代比较多,到他们已经是第六代了。南门村的这两支系,历史上就有所磕碰,但是即便如此相互之间仍然以兄弟相称。在南门分村时,老村主要是老大一派留守;老二派则主要前往新村。不过总体上来讲还是插花式居住。

该两村的兄弟关系名分一直延续到现代,在历史上雅袁上村即什守村属于长兄,因此后来作为弟村的南门村民还会求救于什守村。现今什守村的几户村民其先辈即是南门村人,由于在南门村受到排挤就到什守村居住。这种关系即便在如今行政村中的权利分配中也有所体现,如什守村虽然更加偏远但是其经济条件普遍好于南门村,如今在毛道村委会中雅袁的代表[①]就出在什守村。

在土地和林地界限确定方面的情况是:1980年进行了村庄的地界划分,此时主要在口头上大致区分了土地界限,1983年开始实行土地承包到户[②],而对林地的使用没有做法律上的确权,因此实际情况是谁占谁得,村民之间在此方面的矛盾较多。直至2009年政府开始林地承包政策落实并开始办理林权确认时,才从法律文本的角度确定了各户的林地范围。在村际间也存在类似的情况,这也是如今别村村民却在使用自己村土地的原因。如什守村的黄永江部分橡胶园属于南门村,南门村黄进余部分橡胶园属于南打村等。

[①] 其在毛道行政村担任村委会委员职务。
[②] 在时任队长黄进宝家看到的土地承包合同只看到1998年第二轮承包的老合同,以及海南率先于2005年取消农业税之后补充的一个承包合同,没有看到第一轮承包的合同。按照第一轮承包期为15年可以推算,该村的土地承包到户应该是在1983年。

(一) 南门村概况

南门村（包括老村、新村）有人口46户161人，其中外出打工者4人左右①。村民有水田67亩，人均0.4亩，相比较于内地这个数量还是相当可观的。从毛道乡政府至番阳镇的乡道行至南门新村时分出一条小道沿着一条陡坡，先到南门老村。如今这些道路都已经硬化10年时间。

2010年以前，几乎全部村民都住在传统的茅草房中，之后随着政府消灭茅草房工程政策的实施，村民逐渐建起了砖瓦房。在雅袁二村，近年发生了一起重大的事件，那就是"南门大火"事件，这次事件尤其给南门村带来了巨大的影响，也充分考验了两村的兄弟情谊。2010年4月5日清明节②当天中午，南门村民黄孙三岁大的儿子，玩火将茅草房点着了，大火很快在风势中将整个村庄烧掉。什守村村民看到这边浓烟大作，全村出动带着打水设备帮忙救火，但是因为火势太旺，只有极少数的贵重物品被抢救了出来。

南门村的这一把火把村民烧蒙了，很多人为失去家园而号啕大哭，后来村民们却因祸得福。在火灾后不久，政府立即就进行了安置工作，并且对村民们建造平房提供比一般村庄更多的补贴。政府对茅草房家庭平房改造的补贴是每户2万元，对南门村村民的补贴则提高到每户4万元。这给南门老村村民减轻了负担。

现在，包括南门村在内的各个黎族村落已经很少见到传统的茅草房了。村民们都说现在的住房条件比以前好很多，大部分村民都住上了平房。不过，如果现在要盖茅草房难度也比以前大，因为天然林保护政策的实施，政府已经不允许烧山垦殖，所以山上很难长出茅草来，取而代之的都是灌木丛。而且现在人们在山上主要种植橡胶树，茅草也没有空间生长了，另外据说猴子喜欢吃茅草芯，为数不多的茅草很容易被猴子拔掉。而在以前，人们从来不用担心没有茅草来盖房子。

村庄重建的规划对传统的居住格局产生了极大的影响，以前南门村村民居住比较分散，村民们的茅草房之间道路比较崎岖，相互之间的走

---

① 2012年。
② 本村所在地区没有清明祭祖的传统，之所以对此记忆深刻，大概是外界强化的结果。

动比较吃力。我们可以在新房之外且没有过火的地方看到这种状态的痕迹。新规划南门老村的布局十分规整，依照山坡的走向，村民的房子分成四排，存在十分明显的人为规划特征。村庄从下往上，第一排住了5户16人；第二排5户18人；第三排5户20人；第四排6户27人。总计21户81人。

现在村民们的宅基是政府用推土机推出来的，因此原来各自茅草房的具体位置都已经难以确定了。村民们住房的基地大部分是通过抓阄的方式确定的。不过即便如此也是在一个大致的原则基础之下进行，即兄弟父母尽量安排在一排，正是这个原因，我们将会看到村庄的居住格局具有按血缘关系排列的特点，村中的两个支系分别居住，各个大家庭分别居住。在村民内部之间，人们也都希望能够挑到更好的地段，相比较而言在每一排的最内侧位置最好，因为这样就有比较大的拓展空间，而靠近大路边这一侧的位置交通比较方便一些，但可以利用的拓展空间有限，因此比内侧位置稍微差一些，而其他位置的宅基则是固定的，因而没有办法进行拓展。

（二）什守村概况

什守村人口为220余人，村民居住较为集中，呈自然状态分布。村庄主体处在小溪北侧，在小溪南侧则是新拓展过来的几户村民，什守村小学和村民活动室也在此坐落。从南门村过来的水泥小路延伸至此结束，并在本村形成了一条环村大道。什守村由于按照自然走势分布，因此村庄相对地势落差很大，尤其村庄最高处的道路成45°角，摩托车必须一挡加油才能爬上。

什守村和南门村因为隔着一个山坡，双方都能看到对方的一部分房屋。在什守村由外向内看去布局太过局促，因而给人地少人多的感觉。但是走近村庄才能看到里面是别有洞天。在什守村的北边，有一大片十分平整的田地，类似于一块高原。这一片开阔地带的田地现在主要由本村村民所有，也有相当数量土地归南门村民。雅袁历史上除了如今的两村之外，另外四村主要围绕这一块平地分布开来。两村共用的小溪也绕着这一块土地流淌，刚好给其提供了充足的水源。再往周边则是山林地带，间或有一些高大的椰子树分布其间，甚至还能看到一些残垣断壁的痕迹，依此证明在历史上这里曾经是村庄。

如今随着物质资源的丰沛，经济条件的好转，更由于外界现代生活方式对此地的渗透，类似环境污染的问题在原本清新的土地上也有所表现。由于本村地势较高，村庄为小溪源头第一村（实际上该条小溪长度极短，从发源地到进入毛道河为止，算上南门新村，共有三个村庄），但是最近些年来，这条原本清澈的河流也被污染了，如今在小溪里走一遍，随时可以发现塑料袋等现代垃圾挂在溪边树枝上。南门村村民还提到有时候什守村发猪瘟了很快就可以影响到南门村。

南门和什守二村历史上就具有血缘关系，作为一个大的整体而存在，而且在集体化时期更是作为一个生产（小）队存在，村庄的耕地与山林原本是一体的。但是由于后来行政规划如土地承包制度、林权登记等方面的原因，两村之间的土地还是做了一些比较明确的区分。这在林地划分方面尤其明显，山地极少相互穿插而主要以其自然走向为划分标准，因此可以看到山林的划分基本上是清晰的。2000年林权登记以前，林地只进行了大致的村庄集体性质的划分，至于村民个人，谁占得多就多占便宜，这在林权确认后就被固定下来了。

而在田地方面则并不像林地那样分割清晰。在什守村（即小溪的上游）的那方大田中，就有近五分之一属于南门村所有，同样在从南门村通往番阳路边的一大片水田中也有相当数量属于什守村民。

二　曾共耕一片地的亲戚之村：南打村

南打村是五指山腹地原传统合亩制地区的一个重要村落，在一些历史资料上就有其相关记载。在原通什市成立之前，南打村隶属乐东县番阳区番阳行政村，在之后则改属于通什市（今五指山市）番阳镇番阳村，由于集体化时期在行政村中属于第九组，因而被外界称为番阳九队，简称九队。南打村和雅袁二村通过那条去往番阳镇的小路相接，距南门村3公里左右，之前是土路，2000年左右加固为水泥路面。

南打村如今有80余户，260余人。本村有土地6574亩，林地6197亩。由于人口数量增加，村庄也进行了飞地式分散。新村从老村分离出去，迁移到距离毛道河更近的地方去了，新老村相距1公里左右。但是两村仍然是一个整体，作为一个自然村存在。

本村因为最早有三个兄弟因而分成三支，不过按照村民自己的说法，本村比别村要团结。根据村民①的记忆，南打村至少已经有8代的历史（也就是将近120年），祖宗是从三亚（之前称为崖县）迁来，本村原姓陈，后来改姓为梁。最初三兄弟都在三亚某地，因为逃难来到了五指山，为了避免一起被抓，老大逃到毛卓，老二在红运，老三在雅袁（主要在今什守村驻地）。后来因为老大有一定的医术，治好了一个本地张姓地主的顽疾，对方钦佩其高明医术，就结拜为兄弟，南打村先祖当了对方的老弟。②之后，张姓大哥把今南打村的土地让给老大使用，自己则跑到番阳那边去了，即现在的万透村。③等老大在南打基本稳定下来之后，就把老二、老三喊来一起住，从而形成了现今南打村的布局。也因为如此，万透张国生那支和南打老大这一支是不能通婚的。

在南打老村，村民的居住方式基本上按照三派居住，靠里面是老大、外面是老二、中间是老三，老三的人数比较少，只有几户。老二的人数最多，有20多户。不过如今老村所在地也并不是刚定居时的地段，据村民指认其应该在现在靠毛道方向的鱼塘那边。④

南打村和雅袁二村虽然从来就不属同一个行政区域，但是由于传统的历史原因，双方一直保存着通婚关系，相比较其他各自通婚村落而言它们的通婚数量是最多的。因此在本文中，雅袁二村与南打村之间的关系的关键词就是"亲戚村落"。平日的走亲访友及相关聚会宴席主要发生在这三个村庄之间。

前已述及，南打村并非本地土著，而是从外地迁来。因此他们现在所耕作土地的原主另有其人。除了万透村人让与他们的土地之外，还有

---

① 梁大芳，按照他这一条线来看，往上有三代即他的曾祖父是本村三个祖宗中的老大，他后面有两代，应该是有六代，不过有发展得快的已经到了七八代。梁大芳五兄弟的父亲2006年去世，活了100多岁，身体很好就是眼睛瞎了有20多年。他还有一个兄弟之前在八队放牛，娶了那里的老婆，就在那里落户了，后代都改了当地的徐姓，不过在名字的中间有"梁"。

② 这和资料中的记载有些吻合，不过具体的原因则因为叙说人心理自尊等缘由而有所不同，比如对于寄人篱下等过往就进行了美化。"南打村人的祖先，原系空透村人的龙仔，后来才脱离龙公自建一村。"参见广东省编辑组《中国少数民族社会历史调查资料丛刊》修订编辑委员会《黎族社会历史调查》，民族出版社2009年版，第157页。

③ 在本地也称作七队（番阳七队）。

④ 那里住着村里第一个搞立碑的村民，虽然人不在村，但是房子搞得很漂亮，每年重要的时候特别是清明节时候就会回来，也算在这儿有根。现在是他的大伯母在住，还有一个空茅村的智障青年也在那里，是前者的侄儿。

大量如今的山地原属于雅袁人。根据南门村民的说法,在传统时期雅袁人的土地非常辽阔,一直到毛道河边的广大区域都归其所有。由于和雅袁属于亲戚村际关系,历史上雅袁人也放任南打村民在其土地上种植、狩猎。以致20世纪80年代进行集体土地确认时,原本属于南门土地被划到了南打村名下。

雅袁二村与南打村的这种传统亲密关系在今天也还有所表现,除了通婚关系与传统时代一样牢固之外,在土地和山林的使用上仍然具有历史的痕迹。比如说狩猎,到对方山上狩猎和采集是被允许的,而如果是毛道和番阳的其他村民私自进入雅袁的山林是要受到处分的。另外南打村自来水的水源地就在南门村的山地里。这种互相帮助在人们看来十分自然。

三个村落虽然都属于传统的合亩制地区,但是从当前的实践来看,南打村由于之前为乐东管辖,且乐东县总体上以哈方言黎族为主要居民,所受外来文化尤其是汉文化的影响较多。因此传统文化的遗存在南打村要保留得稍少一些,或者说南打村由于处在外围文化的影响之下,传统文化正处在弱化过程之中。而雅袁二村以及其所在的毛道地区各村则保留着相对完整的黎族传统文化。

至于这一点,最为明显的变化和差异体现在对传统丧葬仪式的遵守方面。按照合亩制地区的传统习惯,村民去世之后皆以"鬼"视之,并且在丧葬仪式上举行切割仪式以表示一刀两断,因此此地并不举行死后的祭祀仪式。这在雅袁二村保留得十分彻底,但是在南打村则不然,他们借鉴了汉族的祭祀文化,给死者树碑立传,搞起了清明节。至于原因,只是因为南打村之前有村民在乐东邮局做官,将清明节仪式带进了本村,以后大家纷纷效仿。

在某些文化实践方面虽然有所差异,但是这并不影响双方之间的正常交往,也并没有因此而影响到双方之间的通婚村际关系的持续。亲戚关系是首要的,不会因为皮毛细节上的差异而有所分离,双方村民在遇到丧葬事务的时候,仍然会集体出动进行吊念,也会尊重对方的选择,只是有些具体的环节不去参与而已。当然,这种仪式的变迁虽然有本质上的变化,但是在一些细节的实施上也还是融合了传统的一些内容。

总而言之，南打村与雅袁二村之间一如既往的紧密联系基于历史传统，其中最主要就是相互之间的通婚亲属关系，以及建立其上的土地共耕实践。

第三章

传统村际关系

　　黎族社会没有自己的文字，关于本民族的历史和故事主要通过口耳相传的方式进行传播。这种状况对地处五指山深处的杞方言黎族来说更加突出。因此，传统合亩制地区黎族的历史除了由村中老年人尤其是某些奥雅①的口头描述之外，很少能够有现成的历史记载来进行专门的研究。正是由于这个原因，黎族群众对自己民族的历史的了解只能上溯几代人，从时间上来看也就是六七十年的时间，而对更为久远的历史则往往是非常模糊的。以至于当笔者向他们询问"合亩"或者"峒"的相关情况的时候，他们都表现出很茫然且又无从谈起的样子。

　　非常幸运的是，20世纪中叶中华人民共和国成立之后，从中央至地方的各级政府和研究机构开展了对包括黎族在内的各民族全面普查，这些资料对我们研究少数民族的历史和传统十分重要。从历史资料中，我们可以看到黎族历史上一些传统社会政治组织的形式以及其运作的模式。本章主要就是从这些历史文献资料的角度来研究传统黎族社会地域社会尤其是村际联系的状况。虽然在今天的黎族群众那里，历史文献中所记载的本地黎族基层社会的图像对他们而言是十分陌生的，但在他们当前的社会生活和交往实践中多少会有些传统社会时期的影子。也即当今村落之间紧密联系的机制虽然形式上有较大的变化，但它还在某种程度上遵循着传统习惯。毕竟历史不可能完全断裂，总是存在着一种内在的本质联系。

---

　　① "奥雅"黎语为"老人"的意思。

第一节　村际间的社会与政治组织

一　"峒"组织：黎族历史上的村落联盟

前文已经提及，"村落联盟"是建立在一定的血缘关系基础之上的，用较为正式的方式组织起来的村落聚群。村落联盟具有很强的地方政治色彩，各主体会相互保护、履行各自义务。在学术层面上来看，"村落联盟"概念较少用在村落间关系的研究，但是村落联盟的实践在中国广大少数民族地区却是存在的。在中国西南的苗族、侗族地区就有村落联盟组织的实践，如前者为"峒"组织；后者则为"款"组织。

在海南岛黎族地区，"峒"的存在是十分重要的村落联盟性质的组织[①]。黎族"峒"组织的存在大概可以追溯至隋唐以前。公元 6 世纪中期，南北朝时期之梁朝在海南岛重置崖州，岛上有黎族近千余峒"归附"冼夫人，因为冼夫人拥有国家正式官员身份，所归附黎族地区名义上由中央政府管辖，但是此一部分地区仅限于海南西北部地区的黎族，并非所有黎族地区都归顺中央。[②] 在之后漫长的历史时期，作为本土性政治制度的组织，"峒"始终与正式行政组织存在联系。宋代，以黎族峒首为基础的黎族土官制度初步确立。元代封建王朝的势力直接深入五指山腹地，重用黎族峒首，推行黎族土官制度。黎族土官担任的职务有万户、千户、总管等职。明代永乐年间，明朝统治者在黎族地区实行土官土舍制，开始给倾心朝廷的黎族峒首以较高的政治地位和军事权力，以加强对黎族人民的统治。清代，黎族土官制主要是在黎族地区设峒长、总管（或黎总）、哨官、黎甲、黎长、黎首等职。在民国时期，通什黎族合亩制地区仍保持着"峒"组织较为浓厚的传统。近代以来走马灯似的官职名称的设置与变化，与传统的黎族地区基层社会政治组织具有耦合性，总管、哨官等官方正式任命的官员往往由峒长或峒主来担任。

[①] 本部分内容参见五指山市地方志编纂委员会《通什市志》，方志出版社 2009 年版，第 837—838 页。

[②] 中国科学院民族研究所，广东少数民族社会历史调查组：《黎族简史简志合编》，1963 年版，第 12—55 页。

1949年后，在黎族地区全面实施"乡、镇"建置，取代了黎族传统的社会组织"峒"①。之后，黎族地区的行政建制和全国其他地方保持了高度的一致，从初级社到高级社，从人民公社到重新恢复乡镇建制，伴随着中国的整体社会变迁，黎族社会也经历了社会变迁的洗礼。如今，"峒"等传统的社会组织制度在黎族群众中已经逐渐被淡忘，很少有人能够对"峒"组织表示出一点似曾相识的感觉。然而，在现代行政建制实际运行中，其与传统"峒"组织仍有相当程度的重合性，即在后来的乡镇区划设置中，往往会考虑传统"峒"组织的区域范围，一般一"峒"为一乡镇或大的行政村。

总体而言，"峒"是1949年以前包括黎族在内的一些少数民族历史上所存在的一种带有氏族部落性质的社会组织。在黎语中，"峒"的原意是"人们共同居住的地域"，汉语音译为"弓"或"峒"。黎族"峒"的组织基础是共同的地域和血缘纽带，有一套较为完整的行动准则。"峒"一般以山岭或河流为界，峒与峒之间界线分明，用立碑、砌石、插木板和埋牛角等作标志。从血缘关系上来看，不论大小，峒中成员都有一定的血缘联系，这是"峒"组织能够存在的基础。

"峒"有大峒小峒之分，大峒之下往往包括几个小峒。每个小峒最初是由同一血缘集团的人居住，凡同住一个峒内的人，都被认为是峒的一个成员，他们都以世代祖先的传统习惯为一切行动的准则。如对峒的疆界的保卫责任、峒内成员间相互援助和保护的义务，特别是受到外峒人欺侮时必须帮助复仇，共同担负械斗时向外峒请援兵的费用，以及峒长（又称峒首、峒头或峒主）的选举、罢免和继承等，大家都按传统习惯行事。峒内的社会秩序主要靠这些习惯法来维持。一般来讲，一个峒是由若干（自然）村组成。② 从实践层面来看，几乎不存在一个自然村为一峒的情况，因此"峒"存在的前提就是有多个存在各种形式联系的自然村落，以相对聚落的方式产生联系。"峒"的存在从形式上来看就是村落联盟的存在。

"峒"是一个封闭的集团，它具有一定的领域。对于领域内的山

---

① 五指山市地方志编纂委员会：《通什市志》，方志出版社2009年版，第777—778页。
② 同上书，第774—775页。

地、森林、河流，峒内的成员均可以自由利用，而峒外之人若想使用，则须附加相当苛刻的条件。此外，人们对峒内成员的犯罪行为，表现得相当宽容，但对于非本峒成员的犯罪则往往采取严厉的惩罚措施。峒内发生的事件或峒与峒之间的事情，由峒内各村的长老参加的长老会议负责处理。①

"峒"组织是土生土长的社会政治组织形式，具有很强的乡土特征，因而也就具有很强的对当地实践的适应性，乃至于在国家权威正式进入黎族地区，有了正式的官职设置以后，传统的黎族"峒"组织也没有消失，而是与后者形成了某种程度的适应。官方正式组织形式的设置会参考传统的"峒"组织结构的特征，会尊重传统"峒"组织的历史与现实。

作为传统社会政治组织"峒"的头领，峒长是由各村的亩头②、村头集会选举出来的。当峒长的条件是通晓事理，爱护民众，为民众拥戴，能操海南汉语方言者优先。峒长选出后，由各村头召集村民征询意见。然后村头告诉大家，今后要服从峒长的领导。冯子材深入五指山"剿黎"并建立保亭营抚黎局之后，峒长的产生要经过抚黎局任命的团总管（管辖若干的峒）委任，并赐长衫一套，皮靴一双，红缨帽一顶，长烟杆一支和皮烟袋一个。这些物品要依次传给下一任峒长。新的峒长也要经过团总管加委，才能正式上任。首选出的峒长是世袭的，父传子，子传孙，如无子，则由兄弟承袭。官方正式职务设置和传统"峒"组织在实践中并行不悖可见一斑。

峒长的主要职责有以下几部分：调解峒内群众纠纷，维持全峒秩序；负责向群众征集钱粮，缴给官府，并分派群众工役；负责招待过往官员；召集全峒首领会议。大约20世纪初，番阳峒才花村有人偷了哈方言黎族村民的牛被抓住，对方要求罚100头牛。峒长便召集全峒哨官、头家开会，商量解决办法，然后由峒长与哈方言的人们交涉，对方同意减罚为30头牛和50块光洋，并扬言如不照数付清将攻打才花村。

---

① ［日］冈田谦、尾高邦雄：《黎族三峒调查》，金山等译，民族出版社2009年版，第7页。

② 合亩及亩头、亩众等概念将会在下文相关章节论及。

峒长便到才花村召集全体村民商量，才花村同意付清牛和光洋。因偷牛者无力负担全部的牛和钱，便由他所在的合亩成员共同负担。问题解决后，偷牛者杀了一头黄牛，请峒长、哨官、头家、才花村全体亩头及哈方言牛失主一同饮酒，才花村村民自由参加。酒后偷牛者还送给峒长800枚铜钱表示酬谢。

在本书所研究的几个村落中，南门村和什守村以及之前消失的几个自然村一直自成一峒即雅袁峒，在历史上属于小峒，接受毛道大峒的领导。南打村与万板村、空透村一起构成"绸怀"小峒，隶属于番阳大峒；番阳峒最初划分为5个小峒，每个小峒包括邻近的2—4个村[①]。由于处于基本共同的地域社会之中，各个峒之间总体关系是和睦的，但是也有一些矛盾和斗争存于其间。

作为村落联盟的"峒"组织结构的核心就在于有一定的地理空间范围，在这个较为固定的空间里几个村落紧密的合为一体，作为一个整体从事对外的活动。生活其间的村民对自己所属峒具有归属感。"峒"组织履行一定的政治职能，当然它也充当着组织成员保护者的角色，因而为本地区群众提供了心理上和实际上的安全感和保障。

二 村落之间的联盟以及峒之间的联系

同一"峒"成员即各个自然村之间的关系是紧密的，这个毋庸置疑，因为构成一峒的自然村之间具有一定的血缘关系，并往往以兄弟相称，且一峒的地理范围较小，生活其中的人们共享同样的生活习惯和文化习惯。也正因为如此，峒内关系从传统上来看就是十分融洽和谐的，较少重大矛盾。而峒与峒之间的关系则不然，存在着多种可能性。由于存在地理位置的不同，也会有"十里不同风，百里不同俗"的差异，因此每个峒之间首先会因为没有血缘关系存在、再则因为文化习惯的些许差异等会有一些矛盾和纠纷，甚至会出现类似战争的冲突现象。当然，在同一个地理空间，历史上的峒与峒之间的关系总体上来看仍然是

[①] 绸怀峒包括万板、空透、南打；才花峒包括才花、抱隆、什茂、空套；毛农峒包括毛农、毛组、雅开、空加；毛域峒包括毛域、什甫；雅曼峒包括雅曼、布伦。后来，才花峒的空套和毛农峒的雅开、空加，合并成第6个峒。各小峒均有地域范围。参见五指山市地方志编纂委员会《通什市志》，方志出版社2009年版，第775页。

和谐的,尤其体现在通婚关系上。

合亩制地区的黎族虽然在社会形态上处于较为原始的社会阶段,但是在婚配形式上却是较为科学的①,他们实行的是族外婚,即排除了血亲的婚姻形式。他们十分严格的排除在形式上具有兄妹关系的婚姻,甚至在历史上曾经有祖宗结拜关系的村落间也禁止通婚。在没有文字传统的黎族中,这种通婚禁忌是通过口耳相传的方式传下来的,生活在这些环境中的居民对此耳熟能详、不假思索就能确定双方之间的关系。在汉族地区,类似的通婚禁忌则以"同姓不婚"的形式存在,而在黎族地区这显然不是一个绝对的原则,因为在黎族地区历史上使用汉姓是十分晚近的事情,对姓氏的使用显得随意,因而姓氏并没有太大的区分血缘关系的功能。这个在笔者所调查的杞方言黎族地区就有许多例子可以证明,在南门村有一些夫妻都姓黄,但是各自所在的村落并没有通婚禁忌。

当然,传统的黎族村落社会之间和谐相处是主流,但是这并不意味着不存在矛盾和冲突。正如在前文中所提及的,村庄之间也会因为各种原因而爆发激烈冲突。尤其在杞方言黎族村落和哈方言黎族村落之间更是如此。按照历史记载,原本的乐东部分哈方言黎族现有的土地比如万冲和番阳原来都归杞方言黎族所有,后来被哈方言黎族夺走,因而此地杞方言黎族历史上十分仇恨哈方言黎族,即便如今本地黎人对与哈方言黎族人结婚仍多有抵触,除非的确找不到合适对象,才会考虑和对方结婚。

在杞方言黎族村落之间也会有冲突的存在,这种冲突有时候甚至会不顾双方间业已存在的通婚关系基础。冲突的原因可能是比较严肃的类似土地山地界限的纠纷,甚至也可能是由于个别村民之间的纠纷,导致整体村庄间的争斗。正因为黎族群众内部的团结使得个别村民的纷争更易上升为村庄之间的矛盾。和费孝通所描述的"差序格局"一样,原本亲密的村际间联系,随着村庄内部利益的受损,会退变为次要的联系。紧

---

① 合亩制地区是社会形态上的发展阶段问题,笔者采用了学术界公认的提法。但是在本文其他部分将会提到,一些证据表明,合亩制可能并不是一种本地原生的真正"最初的状态",而极有可能是已经具有一定文明程度的外来者在此地的"返祖"现象,或者说是某种意义上的一种社会形态历史倒退现象。

密的村庄间联系会被仇恨所取代,所谓"爱之愈深,恨之愈切"。

按照少数民族社会历史调查资料的记载,各峒之间疆界的确定是十分严格的,有一定的手续和仪式,在立标(界)的那一天,两峒的民众均前往参加,由两峒的首领主持立界,双方民众各派代表前往疆界地点杀牛,以血洒地。双方首领必须各自向本峒的民众说明,要严格遵守界线,并带领民众沿着疆界走一遍。

雅袁峒与毛道峒以卧欧山为界,而与毛枝峒、番阳峒的分界则在河流中竖石为界。这些峒界早在远古时已划定了,因此没有具体的实践知识。不过有一些相传下来的关于峒界确定的仪式:峒界划定以后,由该峒杀一头牛制成牛肉串,分送给邻近诸峒的峒长;各峒长把送来的牛肉串挂在自己的门前,并训诫本峒之人,此后不要侵犯对方的峒界。在划分峒界时,由团总管本人或派官员到当地召集全峒亩头、村头、头家、哨官、峒长等共同开会商议。在两峒的分界处,由两峒群众挑些蟹壳去埋在山上,做成一条分界线,并在其上竖立一石块为标志。峒界确定后,由哨官或头家回去告知村中群众,并告诫他们以后不得越界开山、采藤、伐木等,以免引起纠纷。如果越界开山,需要事前征得对方峒长的同意,并且要缴纳山租。山租多少,视开垦面积的大小而定。普遍是交稻为租,有时还有1—2缸酒,请峒内亩头、村头、头家、哨官喝酒,稻谷给哨官,作为对外招待之用。

在黎族地区的历史上,峒与峒之间的友好关系是居于主流的,这种友好关系主要体现为互相通婚,结成婚姻集团方面;无论在生产或生活上,如农忙、婚丧、建房等要互相支持或帮助;与其他峒或别处发生纠纷、械斗时,峒与峒之间相互支援。番阳大峒内的各小峒间,相互通婚是普遍的现象。据1956年全国人大民族委员会、国务院民族事务委员会调查组调查,才花峒仅抱隆村的34名已婚男性中,其配偶来自番阳小峒的共有25人;绸怀峒空透村24名已婚男性中,其配偶来自番阳小峒的有14人。番阳大峒和毛道峒通婚的也不少。峒与峒结了姻亲之后,彼此往来更加密切。平时互相拜访,主人必以美酒热情招待来客。一方遇婚礼、丧葬时,对方在可能范围内,都送酒去庆贺或吊唁。

黎族的峒往往是由若干村落组成的,这些村落也因之而构成了十分牢固的集团。黎族的村落,大多是由相同方言的成员组成,具有很强的连带性。由于村落既是敌人袭击的目标，又是防御外敌之根据地，所以村民们往往在村落周围，栽种带刺的竹篱以为屏障。在村落之内，村民们密集而居、相依相助，形成非常牢固的集团。村落的内、外事务，由村头"奥雅"负责处理。①

按照本民族的语言习惯，直到1949年以前，黎族群众一般称总管、团董、乡长等类人物为"奥雅"，"奥雅"黎语即"老人"之意，黎族称呼他们的首领为"老人"，说明原始氏族社会的长老观念仍存在于民众思想意识之中。这种意识不仅仅用以指称级别较高的本土官员，也用在各村的村长或村头身上。

通什地区黎族每村有一村头。村头通常由一村中最长辈、懂事理、经验最多，有能力处理群众纠纷的人担任，为群众办事不取报酬，是一村的自然领袖。村头是按班辈依次继承。在合亩制地区，当一村只有一个合亩时，村头往往又是亩头；合亩逐渐分化发展，一个村包括几个合亩时，村头便由最长辈的一个亩头充任。每个自然村有一个头人，他也被民众称为"奥雅"。村头是在群众中产生的领袖，没有凌驾于群众之上的特殊权力。在平时，劝诫群众不要偷窃，要好好生产。村头的职能是处理本村或本血缘单位内的纠纷。村中如有纠纷，由其负责调解。为群众办事，一般没有报酬，但若处理较大的纠纷，有时由当事人给以酒、肉酬谢。在中央政府通过正式机构履行对此地的管理职责以后，村头的部分职能，即被官府加封的官员所代替。民国三十六年（1947年）十月，通什地区建立基层民主政权，自然村设村代表，由群众民主选举产生。1954年，进行社会主义改造，各村办农业生产合作社，取消村头、亩头②。

在黎族各峒中，每一个成员都会履行一套较为严格的行为规范，或曰之乡规民约。他们都以世代相传的传统习惯作为一切行动的准则。如成员们对峒的疆界有保卫的责任；峒内成员间有相互援助和保护的义务，如受到外峒人欺侮时，必须为其复仇；共同负担械斗时向外请援兵

---

① ［日］冈田谦、尾高邦雄：《黎族三峒调查》，金山等译，民族出版社2009年版，第7页。
② 五指山市地方志编纂委员会：《通什市志》，方志出版社2009年版，第774页。

的费用；选举、罢免或继承村峒的首领等。这些行为主要靠习惯法来维持。住在毛道的原居民是"朴基"和"朴冲"的后代，但后来移居该峒的"龙仔"及其后人，也成了毛道峒的居民，他们与该峒居民本无血缘关系，但他们在保卫峒的疆界和与外峒斗争时，也有义不容辞的责任。[①] 自清朝以来中国政府一直将峒作为黎族的行政单位，这使黎族以峒为中心的生活，得到了进一步强化。

第二节　村庄内的社会与政治组织

一　超越经济意义的传统组织制度：合亩及合亩制度

前述"峒"的存在是黎族本地基层政治社会组织的表现，但并不是本地黎族所特有的，在其他民族及黎族其他地区都普遍存在。而合亩及合亩制度则是居处在五指山深处的这些杞方言黎族支系的特色制度。也正是因为这一制度的发现，使该地区杞方言黎族被学术界所重视，合亩及其合亩制度也一度成为民族学人类学研究的重要课题。

"合亩制"是五指山地区历史上杞方言黎族村落所特有的一种本土性家族共耕制度，从一般意义上来看，它是综合性的社会制度，因为在生产力水平比较落后且带有原始色彩的社会里，血缘性家族组织还没有必要同时也很难将各种社会事务完全分别开来，所以组织的首领是十足的多面手，他既承担了政治领袖的角色，又承担了组织生产的头人角色。不过在笔者看来，合亩制度首先是一种经济制度，人们在这种制度的约束下共同劳动和分配。而合亩制的政治功能并非是最重要的，原因就在于前文中已经论及的"峒"组织的存在，其在合亩制地区承担起了本地区政治组织的功能，各个村落的合亩组织首领即亩头只是作为峒组织的附属来参与政治性事务而已。

具体而言，"合亩地区，指的是五指山中心地区，即保亭、琼中、乐东三县的交界处，人口约一万三千多，是黎族地区中很小的一部分。这部分地区的生产力发展水平更低，直到1949年前夕，还保留着浓厚

---

① 五指山市地方志编纂委员会：《通什市志》，方志出版社2009年版，第776—777页。

的原始公社制的残余，各种经济因素较复杂，存在着较多的特点。"[1]可见，合亩制地区是有特定的地理位置限制的，并不是所有的杞方言黎族地区都为合亩制地区。合亩制的实施主体仅是杞方言黎族的极小部分而已。

本书的研究对象南门村和什守村所在毛道地区即属于典型的合亩制地区。在解放以前，雅袁六村（即现在的什守村和南门村）同属一峒，总共由6个合亩构成。由于时代久远，本地区村民对合亩制已经没有太多记忆。[2] 不过20世纪50年代民族学家在当时的雅袁乡做过相关调查，并有一些数据发表出来。按照记载，1947年南门村有两个合亩，分别是王老加合亩8户29人和王老凹合亩7户25人，共15户54人。1956年原来的两个合亩演变为四个，他们是王老论合亩、王老刘合亩、王老遍合亩和王老欠合亩，其中前三个由原来的王老加合亩分化而来，分别是7户31人、3户10人、2户9人和4户13人，总共16户63人。

在外界开始注意到合亩制这种特殊的社会经济制度的时候，传统合亩制地区已经对外来的文化有所接受，比如铁器的使用以及犁、耙技术的应用。但即便在此时，本地区合亩的生产力仍然是十分原始与落后的。

合亩制度于20世纪50年代被发现并且被外界所知晓，一直延续到合作化运动以后，至于其产生的具体年代已经无从考究。不过按照笔者前文中的推测，由于合亩制度是一套与落后生产力水平相对应的制度，其产生时间应该可以往前推很久。又由于笔者按照传说和迁徙规律的推测，认为合亩制地区的杞方言黎族并非本地的原住民，而是从生产力水平较高的昌化江下游内迁而来的解释，合亩制度的产生似乎不是最原初的制度，甚至有可能是一种退化的制度产物。如此而来，笔者认为合亩制度的历史大致在几百年时间。

大部分学者都认为合亩制具有原始社会遗留的色彩，但是也意识到与真正的原始社会相比又存在着一些不同之处。"在解放前五指山中心

---

[1] 中国科学院民族研究所，广东少数民族社会历史调查组：《黎族简史简志合编》，1963年版，第56页。
[2] 关于学术界的研究课题大概会存在类似的问题，那就是对当事人当事主体来说本来不过是很普通的事物，人们不会特意地去记载它，只是外来的学者将它单独作为一个新鲜发现的事物而已。因此，当这个事物逝去之后，人们并不会对它有深刻的印象。

地区黎族的'合亩制'中可以看到父系氏族制的一些残余。'合亩'是由两三户至一二十户有着血缘关系的家庭组成的生产单位,生产资料所有制以私有制为基础,但'合亩'内各户的田地、耕牛大多交由'合亩'统一使用"①。可见,在合亩制时期,虽然原始社会色彩比较浓厚,但是在本质上已经有了质的不同,即生产资料在这个时候实现了私有。原始社会的色彩仅仅表现在共同劳动和共同分配的形式方面。

在合亩制度发展的晚近时期,合亩的公有性质已经发生了很大的变化。"可是,'合亩'的农业生产由全体亩众共同进行,在经济上家庭对'合亩'还有着很大程度的依赖性,所以在解放前,'合亩'里的家仍然未能发展成为个体家庭。但是,'合亩'和家的矛盾进一步发展的结果,必然使大'合亩'逐渐分化为小'合亩',最后出现一些血缘近亲的两代或一代的'合亩'。这样,'合亩'的公有制便缩小到非常狭隘的范围,进而导致'合亩'瓦解为个体家庭"②。

此外,在传统的合亩制地区,作为大家族或者说是小家庭联合体的合亩与各个小家庭之间的关系以合作与共生为主,但是小家庭和合亩之间在经济方面的矛盾也同样存在,这在早期的社会调查中就被学者所发现。在经济生产上,小家庭和合亩之间的关系主要体现在以下一些方面:

"第一,副业生产和个人狩猎是以家庭为单位来进行的。农业生产不是以家庭而是以合亩为单位来进行,这是说家庭基本上不是生产的单位。第二,毛道乡存在以合亩为单位进行交换的现象。但就毛道乡来说,这种现象并不多,而交换主要是以家庭为单位来进行。首先以家畜、家禽、手工业原料、手工业品换进生产资料和生活资料,都是以家庭为单位来进行的,土地和牛的买卖主要也是以家庭为单位进行。由此可见:家庭又是主要的交换单位。第三,每个家庭都根据按户平均分配的原则从合亩取得相等的一份产品③,因而家庭是一个分配的单位。分

---

① 中国科学院民族研究所、广东少数民族社会历史调查组:《黎族简史简志合编》,1963年版,第17页。
② 陈立浩:《历史的跨越》,南海出版公司2001年版,第76页。
③ 关于合亩制时期的这个平均主义分配制度,60多岁的黄文德提供了一种说法可以印证,"以前分粮食只给爸爸",即只按照户数来分粮食,而不是按照人口来分,这个就使得小孩一结婚就要分家。这里所提到的就是"合亩制"时期的分配方式。

配直接决定了消费,因而家庭又是一个消费单位。……一方面,家庭对合亩存在经济上的依赖性;另一方面,家庭在经济上又有一定的独立性。这就表明合亩与家庭之间存在矛盾。……随着生产力的发展,私有制对公有制侵蚀程度的加深,家庭离开合亩而独立,是合亩经济自发发展必然的结果"①。

由上可知,合亩制的共同劳动主要是指农业生产劳动,而不包括一些可以以小家庭为单位进行的经济活动,比如狩猎和手工业活动。这种传统在该地区今天的某些家庭中也能够看到其遗留影响。

合亩制度和"峒"组织制度共同构建了传统杞方言黎族地区的社会和政治生活。山林、荒地、河流部分属于全村或全峒公有。牛只,多数是一户所有,全合亩所有的很少,但合亩可以无偿地使役属于一户所有和几乎所有的耕牛。农业、手工业、捕鱼、狩猎等一切生产工具,完全属于一家一户所有。合亩成员从事合亩的集体生产时都使用自己的工具。手工业和副业生产都是以一家一户为单位进行的。狩猎一般以村为单位,猎物在村内按户平均分配。作为最主要的生产资料——耕地,虽然有多种占有形式,但都是属于私有制性质的。这表现在,可以买卖、典当、租佃以及父系继承原则等方面,但还残留着较多的公有因素。如上所述,土地和牛只除了合亩内一家一户所有以外,还存在着几户共同所有和全合亩所有,并且这些土地和耕牛大部分都交给合亩共同使用;而在产品分配方面,又存在着不同程度的平均主义②;并不完全按照其交给合亩耕种的土地数量来计算报酬。③

至于土地的性质问题,在相关的历史资料中也有不同的说法,譬如在上一段材料中就认为耕地是私有的。而在其他的材料中则认为同时存

---

① 全国人民代表大会民族委员会办公室编:《海南黎族苗族自治州保亭县毛道乡黎族合亩制调查报告(初稿)》(内部铅印),1957年版,第53—55页。

② 在20世纪50年代的调查资料中就显示:"产品分配方法尚有四种:……第四,据王老洪说,集体狩猎所获的山猪、黄猄的头,要留给打中野兽人的父亲,一条兽腿留给他自己。其余兽肉由全体狩猎的人平均分配。个人猎获的野兽,除留下兽头、腿外,肉在合亩内按户平均分配。"广东省编辑组《中国少数民族社会历史调查资料丛刊》修订编辑委员会:《黎族社会历史调查》,民族出版社2009年版,第114页。

③ 中国科学院民族研究所,广东少数民族社会历史调查组:《黎族简史简志合编》,1963年版,第64—65页。

在着各种形式的土地所有制，包括了私有、合亩内几户共有或全合亩共有等类型。不过关于耕地的使用权，1949年前后的合亩内，无论是哪一种占有形式的土地，一律归全合亩共同使用，集体劳动，统一经营，不计报酬。同时，耕牛也一律归合亩使用，不计报酬。[①] 笔者认为，这是一种不完全的公有制或者说是形式上的公有制，因为所有权还是私有的，这与后来的完全公有制有本质上的不同。先前调查资料显示，"村内个人购买的鱼塘，不仅供同一合亩的亲属使用，对全村各合亩的人都开放，不取报酬。例如才花村曹家庆的曾祖父，过去以私人所有的牛，买入现今开迈村附近的一段水湾，全村的人均可在湾内捕鱼，不收报酬"[②]。这是比较极端的私有财产公有化的例子，虽然不常见，但是也足以说明在传统合亩制时代，至少在形式上具有很浓厚的原始社会公有制色彩。

在合亩制时代，人们的劳动主要限定在同一个合亩之中，人们较少自由，尤其在粮食等主要作物的生产方面更是如此。在传统的合亩劳动中，由于受到特有的原始宗教信仰的影响，存在着一些独特的劳动组织形式。主要的劳动组织有两种：一种是按男女性别分工的集体劳动，如男的犁田、耕田、播种、挑谷；女的插秧、拔秧、碾稻、除草。1949年后，他们以性别分工劳动的情况仍未改变。据王老提说，这是祖传的老规矩。另一种是原始的简单协作。即使一块很小的土地种的稻谷成熟了，也要二三十个妇女一起去碾稻。男亩众也是一起耙田，耕完这块田，再转到另外一块去。[③]

在性别分工方面，传统合亩制地区的规矩是十分严格的。前述男女分工的集体劳动方式，男女都必须绝对遵守，彼此不能相混，也不能互相帮助。"合亩"的共耕生产，人们想干什么就干什么，多少人干就一起干，做就一起做，歇就一起歇。如果要犁田，一个"合亩"的全部男性成员，集中起来犁一块田，大伙犁完一块再犁另一块。这样组织和

---

① 广东省编辑组《中国少数民族社会历史调查资料丛刊》修订编辑委员会：《黎族社会历史调查》，民族出版社2009年版，第111页。

② 同上书，第158页。

③ 同上书，第112页。

使用劳动,其浪费之大是不言而喻的。①

在合亩共同生产活动中,除了性别分工之外,还有亩头与普通亩众之间的分别。亩头要履行一定的宗教性仪式,带领亩众劳动。最后亩头还会有留存"稻公稻母"的习俗,即在收获之后亩头要从收获的成果中抽取部分存放在家中。亩头在吃"稻公稻母"的时候,也要举行宗教仪式:即要有一盆水、一缸酒、一条鲜鱼(鱼头向外放),但亩头只能饮酒,不能吃鱼。据说,这条鲜鱼是给祖先吃的,以保障全合亩丰收,子孙安宁。②关于"稻公稻母",从以后阶级斗争的角度来说具有一些剥削的成分在里面,但是就本地区"合亩制"的亩众自己而言,并不是这样认为的,甚至认为它是合理的。他们说:"亩头领导生产辛辛苦苦,犁田、耙田他要带头,插秧时,他还要在4天内不吃米饭,不与合亩外的人谈话,晚上睡觉不能脱衣裳,白天也不能睡觉。因此,亩头吃"稻公稻母"是应该的。③ 当然,亩众的这种解释应该是在传统宗教解释被破除之后的新式解释,因为笔者认为这种传统的习俗不会出于这样带有理性色彩的功利性解释,而是由于本地传统宗教信仰给稻谷赋予某种灵性之后的产物而已。不过话说回来,能够跳出宗教信仰的角度来评价宗教事务,是一种进步,美好浪漫的宗教仪式背后总会有比较现实的解释逻辑。

在以往关于"合亩制"的调查资料中,学者们发现在"合亩制"地区这种具有原始社会色彩的制度下,除了在今人看来有些许温情脉脉甚至看上去比较浪漫的亩众之间的互助之外,事实上已经出现了剥削的成分,这种具有封建性的剥削成分尤其多地体现在龙公龙仔之间的关系上。所谓龙仔主要是指在合亩中,一些与亩头没有血缘关系的外人参与这个合亩的劳动,并获得报酬。龙公龙仔的关系存在着两种情况,一种是个人的依附关系,主要是穷人为了维持自己的生计而寄人篱

---

① 陈立浩:《历史的跨越》,南海出版公司2001年版,第132页。
② 在黄进宝兄弟为已逝父亲举办"欢乐酒"时也出现过鱼,可以推测鱼代表着平安。但是在《通什市志》中提到,亩头在吃"稻公稻母"的这几天只能吃鱼,与其他资料的描述有所冲突。
③ 广东省编辑组《中国少数民族社会历史调查资料丛刊》修订编辑委员会:《黎族社会历史调查》,民族出版社2009年版,第112—113页。

下；另一种则是集体的依附关系，主要是某个村庄处于自身安全的考虑而整体投靠某个比较强势的龙公以获得安全保障。在"合亩制"地区的历史上，这种特殊的现象普遍存在着。在具体的实践中，龙公龙仔的关系也是不一样的，有的成了龙公家族的成员，享有和其他亩众一样的权利，有的则过着相当于奴隶一样的生活。相同的是都要参与龙公所在合亩的集体化劳动。

在对农村土地的经营体制进行改革之后，集体化经营变成了家庭经营。在一个小家庭的生产经营活动中，包括性别分工在内的传统分工模式不得不被打破，但是并不排除一旦劳力充足的时候传统分工意识又会重新出现。以性别分工为例，在当前，传统的男女分工意识还是存在的，只是不甚严格而已。尤其在农忙时节，大伙相互帮忙干活时这种分工现象就十分明显，男人宁可在旁边看着，也极少愿意直接去做类似于插秧这样传统上被认为是女人干的活。

如前所说，在对传统杞方言黎族合亩制地区进行社会性质的确定方面，存在着各种不同的意见。笔者认为这主要是因为在这里存在着一些母系制度的残余，使得对该地区社会性质的确定变得较为困难了。具体而言，按照文献的记载，该地区母系制度残余的表现主要有如下方面：

第一，普遍流行"不落夫家"的习俗，即妇女婚后几天就回娘家居住，有事（如农忙等）才回夫家小住几天，一直等到怀孕以后才回夫家定居下来，即使落夫家的妇女，仍常常返娘家小住一个时期。

第二，已婚妇女在夫家患病，"做鬼"必须念娘家的祖先鬼名，有严重疾病还要抬回家治疗。倘若发生急病死在夫家，必须报告娘家，由娘家派人将尸体抬回本血缘集团的公墓埋葬，若路途遥远不能抬回时，则由娘家派人来当地主葬。少数地方（例如毛贵乡）却发生了一些变化，妻子生病主要由夫家料理，死后不一定抬回娘家埋葬，但娘家一定要去"接魂"回来。

第三，未成年结婚的男子由母亲缝补衣服，一旦结婚而又没有母亲的男子，一般由自己缝补和洗涤衣服，或者交由姐姐或妹妹缝补，而妻子是不肯给丈夫做的。

第四，丈夫死后，妻子一定要回娘家居住，而子女则由夫家亲属抚养。①

上面提及的已婚妇女患病之后的应对之道带有十分明显的母系制痕迹。出嫁女子在夫家患病后，往往返回娘家护理，这被看成是理所当然的事情。因为在群众的观念中，女子始终属于娘家的氏族，有病回娘家治疗，是极为正常的且符合情理的，女子死于娘家，埋在娘家祖先的公共墓地；死于夫家的，有的将尸体抬回娘家安葬，有的就近埋在夫家的墓地。无论葬于娘家或夫家，死者永远都是属于娘家的氏族。死者埋时若有棺材，每当娘家人因为各种原因要举行宗教仪式时，都要由鬼公念其鬼名。

从婚姻家庭形式来看，原始母系制痕迹表现在"不落夫家"。青年夫妇结婚之后，一般都要先回娘家住一段时间。因此，夫妻关系不是从男女结婚之日起，必须等待妻子回到夫家定居（一般是生了小孩）后才稳定下来。这表明"合亩"内的小家庭，从对偶婚向一夫一妻制的过渡还未最后完成。

另外，这种原始母系痕迹还表现在人们的潜意识中。比如女子嫁到别村后，每当娘家村中的男子到夫家的村子来时，女主人必以酒肉款待，而来客也必须接受，如果来客拒绝接待，女主人便感到十分难过。因为，女主人认为这将意味着在她死后，娘家人将不为她料理后事，不再视她为同一氏族的人。所以女主人不接待或来客拒绝招待的事，在合亩制地区从未有过。②

关于上述最后一点，笔者在观察当今村民办婚姻大事时姑母所送礼物的贵重程度上可以得到印证。当男村民结婚时，他的姑母会送出最为贵重的礼物，比如买一张最高级的床以及在办酒席时所需的猪一头。如果条件允许，姑母送再贵重的礼物也不足为过。当办丧事时，女儿女婿也是最舍得花钱的。这种传承下来的习俗能够得到合理解释的最重要方式就是外嫁的女儿为了讨好兄弟家族以便老了回家受到男方家族的照

---

① 中国科学院民族研究所、广东少数民族社会历史调查组编印：《黎族合亩制调查综合资料》，1963年，第34—45页。

② 陈立浩：《历史的跨越》，南海出版公司2001年版，第73页。

顾。只不过在当今它丧失了原来的意义，仅仅作为一种传统习俗被遵守而已。

前面提及，在黎族合亩制地区还有一定的对偶婚的遗迹，"不落夫家"以及"玩隆闺"习俗即是例子，这也具有原始社会母系制度的色彩。当然，在合亩制被发现时完全意义上的对偶婚已经不存在了，但是对偶婚时代习俗还是多少遗留了一些。以下材料就提及在黎族社会的婚礼中传统习俗的遗留现象："（举办婚礼）当天晚上，新娘家中备办酒席，在新郎新娘带头作完饮酒仪式之后，新郎峒内各村的男子（不论大小）和随同新娘来的妇女便能共同进餐，席间互相敬酒，彼此对歌。次日晨，新郎家中杀牛大摆宴席，此刻男女双方继续尽情狂欢。这种婚礼一直到当日晚上才结束。但是有一条严格的规定，凡是与新郎有血缘关系的妇女不能参加席间饮酒对歌。"① 可见，只要没有血缘关系的男女在婚礼当天都可以互相饮酒对歌，而有血缘关系的男女是不能在一起饮酒作乐的，这很明显是对偶婚时期的禁忌。

在海南黎族地区，存在着各种各样的禁忌，在每个黎族支系又会有不同的禁忌形式。这些禁忌多以原始宗教信仰的形式出现，合亩制地区的原始宗教信仰主要体现为万物有灵，雷公、山鬼、稻魂等不一而足。在前文已有叙述，本地黎族群众确信存在着各式鬼魂并且十分惧怕，一遇到挫折不快之事就会杀鸡杀牛赶走鬼魂。这种原始的宗教观念浸透在所有事务之中。如有现代学者在海南岛做了调查研究之后，发现该地区黎民若有家人得病（也包括生育），通常会在门上挂青树叶，这首先是驱鬼巫术，表示鬼魂不能进屋作祟危害家人健康。另外，这也是谢绝外人入内的标志。

二　合亩制在村落联盟中的作用

在传统合亩制所在的杞方言黎族地区，真正具有政治性组织色彩的制度是"峒"组织，虽然后者在很大程度上也是一种乡土性社会生活组织。而合亩制度在该地域中则主要扮演一种血缘互助组织的角色，较

---

① 中国科学院民族研究所、广东少数民族社会历史调查组编印：《黎族合亩制调查综合资料》，1963年版，第36页。

少能够充任起政治性组织的角色。但显而易见的是，合亩制在本土政治生活中并不是没有任何意义的，其与峒组织甚至别的正式政权之间也存在一定的联系和互补关系。事实上，合亩制度作为一项普遍的制度设计，其渗透进社会政治生活的方方面面，自然也有一定的政治组织的意义。比如早期的一些关于合亩制研究的人类学家就认为合亩制度具有一定的剥削性，存在阶级性的因素，尤其在一些有龙仔（或工仔）现象存在的合亩中。

龙公一般是指在一些大合亩中的亩头，其利用生产生活组织者抑或掌握着宗教活动的主持权的便利，吸纳一些外部的成员加入合亩中来，形成一种事实上或形式上的附属关系，后者被称作是龙仔。龙仔一般以认父母或者结拜兄弟的方式加入这种关系中来，这也是为什么如今很多禁止通婚关系的村落村民指称双方关系为"结拜兄弟"关系的原因，这种结拜关系事实上就是依附关系即其中一方是龙公另一方是龙仔。从表面来看，合亩制中的龙公龙仔关系虽然体现为一定程度的剥削关系，具有某种意义的对抗性，但是从历史的角度来看，这对后来的村际关系来说是十分重要的影响因素。

根据已有的历史资料，这种结拜关系在毛道地区很早之前就存在。毛道村的王老本合亩，亩头王老本是龙公，在外乡的龙仔有20户，分布在雅袁、毛枝、红运，以及乐东县。另外还有毛农、雅袁（南门和什守）、毛枝小村等都是全村拜王老本为龙公的。[①] 龙公与龙仔的关系虽然在本质上是人身依附关系，因而具有某种封建剥削色彩，但是在形式上来看，在相互之间建立起了一种类似亲属的关系，于是存在这种结拜关系的个人之间建立了类似血缘的关系，而具有结拜关系的村庄间也成了兄弟村落，并承担起相互负责的义务。正是因为村落之间存在着这样的关系，村际间的交往比较频繁，并一直延续到现在。

在历史上，雅袁六村之间，以及各个合亩之间存在着各方面的合作实践。毛道乡各个合亩之间存在多方面的经济联系。各个合亩之间存在交换关系、借贷关系和租佃关系之外，还存在生产上的互助关系，主要

[①] 广东省编辑组《中国少数民族社会历史调查资料丛刊》修订编辑委员会：《黎族社会历史调查》，民族出版社2009年版，第40页。

表现在相互帮助收割、插秧，而且这种关系存在已久。……一般说来，无论1949年前或1949年后，只要某个合亩由于死人或其他事故而耽误了收割或插秧工作，那么其他合亩的妇女也会帮助的。主人每天招待吃一餐饭，并在收割完后，杀一只牛或两头猪叙餐、喝酒，以示答谢。这是祖先留下来的习惯。1949年后，生产上的互助可以不要答谢，这种习惯已经逐步取消了。……安排农事活动时各个合亩之间存在一种宗教性质的"学习"。抗日战争前，抗茅村王老公合亩的生产搞得好，连续四五年稻谷丰收，耕牛增多，人口没有死亡，在这种情况下，其他合亩都认为王老公懂得禁忌，善于选择农事活动开始的吉日，精通生产前或生产后合亩应执行的宗教性质的仪式，于是其他合亩纷纷向王老公"学习"，王老公选择某一天作为农事活动开始的吉日，其他合亩的亩头也选择某一天，或比某一天稍晚的日子。……合亩内的成员盖搭较大的房子时，其他合亩的成员会前来帮助，待房子盖成时，主人就杀一头牛请他们吃饭、喝酒，表示答谢，这种习惯是祖先传下来的。[①]

如前所说，"峒"是由自然村构成的，一个"峒"往往是由具有血缘关系的几个村庄联系在一起构造而来。合亩的构成和自然村落之间的关系并不固定，一般的是一个村庄会由几个合亩构成，一些规模较小的村落则本身就是一个合亩。由于自身力量和规模的大小差异，相互之间的结拜与依附关系是十分自然的现象。在杞方言黎族地区，合亩是基本的生产组织单位，同时也独立承担起了宗教生活的功能。因而合亩在很多时候是以社会交往的主体而存在的，这点主要与合亩的主要构成方式有关，即亩头往往是家族的族长而其他亩众是家族成员。在这方面，其实与1949年后所实行的生产队制度十分相似，即生产队及其队长代表了所有其他的队员与外界进行社会交往。

合亩制的一个重要特征是同一合亩的亩众主要是同一家族的成员，皆具有父子或兄弟关系，因此整个合亩的对外交往实际上具有家族交往的特征。我们会在当前该地区村际交往中看到这一制度的历史遗留影响，即村落间的联系与交往往往会因为双方村落中偶然发生的个体联系

[①] 全国人民代表大会民族委员会办公室编：《海南黎族苗族自治州保亭县毛道乡黎族合亩制调查报告（初稿）》（内部铅印），1957年版，第37页。

而扩展为整体的村落间联系。这尤其表现在个别的婚姻缔结对家族间乃至村落间交往的影响之上。在传统的合亩制度下,亩头或者龙公担有为亩众或者龙仔婚配的义务,因此从一定意义上来看,合亩成员个人的婚姻实际上也具有承载村落联系的功能与意义。

作为合亩的领导,亩头是最为基层的地域社会管理者,类似于后来的生产队长。当时的村长(村头)往往同时兼任某个合亩的亩头,具有一定的威望和才能,特别是在对本地区原始宗教知识的掌握方面更是如此。合亩制度是将本地区杞方言黎族群众有效组织起来的普遍制度,这里很少有人愿意摆脱传统制度而单打独干,因此合亩制度本身就成了联结基层民众与大环境的一座桥梁。正因为合亩制是本地基层最为普遍的制度,因而地域社会中各个村落的联系也被建立在这一背景之下,村落间的联盟及峒与峒之间的联盟事实上也是作为基层社会细胞的各个合亩之间的联盟。当一个村庄受到外力的攻击,平日素有交往的尤其是存在姻亲和兄弟关系的村庄就会出面帮忙。

在传统社会,合亩及其亩头在社会生活中发挥着十分重要的作用,这不仅体现在地域社会内部人们之间的友好交往上,在一些内部紧张事务的处理方面也同样扮演着重要的角色。

20世纪初期,在毛道峒空茅村与毛枝峒毛枝大村之间曾发生了一场持续近30年的战争[1],这场战争起自清光绪二十三年(1898年),止于民国十四年(1925年)。事情起源在于空茅村的大亩头王老电因为欺压雅袁村一个叫王老豆的村民,雅袁村群起反击,王老电逃到毛枝大村的内兄黄老崖(毛枝大村的一个大亩头)那里避难。对方抓走了毛枝大村的一个小孩逼迫王老电出现。毛枝大村认为应该由王老电负起这个责任。两村之间的矛盾由此开始。械斗发生之后,两村村民积怨很深,曾长期互不通婚,交往断绝。直到中华人民共和国成立以后,在共产党实行的民族团结政策的感召下,两村人们才逐渐消除宿怨,重归于好。[2]

可见,本地区的传统社会交往不论是友好的还是冲突的,都与合亩

---

[1] 在原始资料中即以"战争"称之,故本处不做更改。
[2] 朱开宁、罗才东、王秀琴:《清末黎族毛道峒发生的一次大械斗》,载符和积主编《黎族史料专辑(续)》,南海出版公司1994年版,第7—15页。

的亩头有直接的联系，亩头在社会事务中所发挥的作用可见一斑。在上述历史资料中记载的激烈冲突的主角就是两个村庄，而在其中起领导者作用的正是合亩的亩头。

第四章

现代村际关系

　　20世纪50年代社会主义制度的建立和70年代末期开启的改革开放政策，给整个中国社会带来了非常重大的影响。在本书中，按照这两个重要的时间节点，将所研究的黎族社会历史分成了三个时期，即社会主义集体经营制度建立之前、改革开放之前及改革开放以后。一般的，人们倾向于将第一个时期称作传统时期。但是具体到本地黎族群众的实际情况，笔者认为对其他汉族地区来说属于根本性变革的第二个时期实际上可以看作为第一个时期的延续。也就是说，笔者认为直至改革开放政策实施之前，传统合亩制地区事实上都处在传统范畴之中。从村民和村际之间关系的角度来审视，新中国成立之后社会主义集体制度建立的20世纪50年代到改革开放政策实施的1978年左右这段时间，与前一个阶段即传统社会时期更为接近。

　　因为，虽然社会主义制度和社会主义文化在该地区产生了毋庸置疑的影响，尤其表现在行政体制的改变及其他基层社会组织的变化方面，历史上曾经非常重要的"合亩"和"峒"都逐渐淡出人们的视野，被生产队、行政村和乡镇所取代。但由于本地杞方言黎族地区传统意义上的合亩制实践与改革开放前所实行的集体主义存在着形式上的一致性，即便按照中央政府的统一要求而实行了社会主义经营方式，该地区黎族群众对这前后两个时期的变化并没有颠覆性的感受[1]。而且由于地理位置十分偏僻，人们的受教育水平始终比较低下，所有这些因素决定了传统文化的影响依然是主要的。

---

[1] 陈立浩等：《历史的跨越》，南海出版公司2001年版，第127—129页。

然而，巨变发生在1978年改革开放政策实施之后。集体主义突然被家庭经营所替代，这给人们的思想和实践所带来的冲击是极大的，本地黎族群众从来没有经历过类似的社会巨变。在新时期，除了生产方式发生变化之外，外来文化和思想也较之以往更快地进入这个地区。这些外来的文化也自然而然地对原有的传统本土文化造成了冲击。尤其表现为本土的传统文化逐渐被外来文化所侵蚀，这也是为什么在笔者所研究的三个村落中比较靠近外围的南打村慢慢改变了自己的传统而接受汉族文化的原因。

应该说，改革开放政策的实施带来的变化是显而易见的，影响也是十分深远的。但引起笔者注意的是，即便发生了如此巨大的社会变迁，在该地区仍然保留着很多传统性的内容。不论是在传统历史时期，还是在改革开放之后的这一段时期，村际之间都存在着十分紧密的联系。也就是说，现代性的生产生活方式的实施，实际上就目前的状况来看，还没有完全打破与传统的联系，甚至在某种程度上被消解在传统联系中。

最后值得说明的是，由于本地获得解放以及中华人民共和国成立以后的历史并不是很长久，而且人们的文化水平比以前也有所提高，因此1949年以来的这段历史对黎族群众来说就是比较鲜活的，甚至对于某些年长的群众来说则是亲身经历过的。对于本地黎族群众而言，1949年以后的这段历史虽然经历了改革开放这样的巨变但是从整体上来看却仍然是连贯的。基于此，在本书行文过程中将20世纪50年代以后至1978年至今的历史放在一起进行书写和研究，尽管在事实上这段历史的前半段更加接近传统时期。

第一节　村际关系形式上的变迁

社会主义集体经营制度的建立对村庄内部和村落之间关系的影响有所区别。在社会主义制度确立之后，村庄的生产经营单位由原来的"合亩"变为"小队"，因而村庄内部村民之间的关系进行了重新整合，原先由于关系稍微疏远而处于不同合亩之中的人们被整合进同一个生产共同体。但是因为在实践中此地区村庄的规模并不是很大，往往是一两个合亩为一村，同一个村庄的人们基本上都存在着血缘关系，人们对于新的生产共同体以及新的集体主义生产方式的接纳是比较顺利的。所以就村庄内部而言，新式的集体经营制度给人们带来的影响比较小。

在社会主义合作化的过程中，原先的合亩制被集体主义的合作社（即后来的生产队）所取代，原有的村庄政治结构也必然会有一些相应的改变，比如"亩头"变身为"生产队长"，部分亩头就被调整为普通的生产队员。原来亩头所要履行的一些宗教仪式，要么取消要么由新的生产队长来履行。除了有外部政府力量的介入之外，在该地区实际上没有太大的变化。

相比较而言，社会主义集体经营制度的建立给村际关系带来的影响更大。这主要体现在各个村庄所占有土地的划定之上。在历史上，在一个较长的时期，每个村庄或者每个峒的疆界是比较固定的，由于祖宗的能力不同，村庄之间土地和山林的占有并不平均。但这是历史造成的不公平，人们习以为常。而在国家建立社会主义制度之后，政府权力从所谓维护公平的角度出发开始在村庄之间重新划分山林土地，这对村际之间的影响很大。

如，雅袁二村在1949年之前的山林土地是最多的，而南打村土地极少，后者需要通过租用别人的土地来进行耕作。在1949年之后，政府通过重新划定界限的方式，将很大一部分雅袁的土地划给了南打村。由于雅袁村和南打村之间属于十分密切的通婚关系村庄，双方之间的关系倒是没有因此而受到太大的影响。但是南打村和同属一个行政村的万板村之间的土地纠纷却一直延续到现在。

在南打村新村对面有一块本属于自己世代耕作的土地，1949年后被划给了国有农场。后来农场解散了，这块地被万板村种了橡胶树。南打村曾经想通过政府的力量收回，但是因为在林权确认过程中被万板村登记走了，就没有办法弄回来了。①

---

① 按照村民自己的解释，主要原因是因为而南打村的村长老实，文化程度也不高，因而没有办法和万板村争夺。而两村共同所在的行政村村委会组成人员也以后者居多。另外，在历史上万板村的势力就比较大，1949年前村里有个恶霸即徐新东的父亲也在这个村，并且当过保长，相当于现在的村委会主任。参见广东省编辑组《中国少数民族社会历史调查资料丛刊》修订编辑委员会《黎族社会历史调查》，民族出版社2009年版，第140页。

由上可知，传统社会本来既已自然存续的村庄间关系，由于现代政权的介入而加以改变，这种改变实际上在一定程度上破坏了原有的关系。在笔者所调查的地区，原来地域社会的联系也多少因为外来政府力量的介入而产生一些变化。

一 改革开放之前：较为封闭的村际关系

该地区各村寨历史上固定的对外交往十分有限。具体到南门村所在的雅袁，最早来自乐东，路经番阳迁到如今所在位置。但是由于本地黎族群众没有祭祖联宗仪式，加之没有明确的文字记载而难以确定具体地点，南门村和什守村与原来的迁出地都断绝了联系。其对外交往对象主要是本地一些相邻村落和另外一些存在通婚联系的较远村落。当然也有极少数因为历史上特殊关系而产生的对外交往。

根据20世纪60年代左右社会历史调查的资料记载和老人们的回忆，本地区传统时期的村庄联系整体上是十分闭塞的，但是在同一地域内部，构成地域社会的各个村落之间的联系却是紧密的。不论在传统时代还是在现代，每一个地域的对外社会交往与该地区的地形地貌及交通状况存在正向关系。按照一般的理解，在平坦开阔的平原地区，村落的对外交往会比较频繁，而在交通十分不便的山区，人们的对外交往将会受到限制。村际交往的闭塞主要基于这种交通状况的封闭性。

关于毛道地区的交通状况，在资料记载中有过描述，"保亭县通什区毛道乡[①]解放前，只有一条步行便道通乐东，雅袁乡[②]四周都是崇山峻岭又都是山区的中心，也是黎族聚居的中心区，都保存有更多更原始的原始公社制的内容"[③]。《海南岛民族志》对黎区地区的自然环境也有描述，并且记载了一种与自然地理环境密切相关的独特交通工具，"黎中溪水最多，势难徒涉，而黎人往来山际，必携绝大葫芦为渡；每遇溪

[①] 即过去的毛道峒。

[②] 即过去的雅袁峒。参见詹慈编《黎族合亩制论文选集》，广东省民族研究所1983年版，第4页。

[③] 吕振羽：《黎族的"合亩制"》，载詹慈编《黎族合亩制论文选集》，广东省民族研究所1983年版，第49页。

流断处，则双手抱瓠浮水而过，随①善泅者，亦不能如捷，不可谓非智也"②。

传统合亩制地区的落后状况一直延续到20世纪80年代后期。在集体化时期，由于没有大路，雅袁村民到乡里交公粮或者办理其他事务要经过毛道河。如果是在3、4月雨水少时，可以直接蹚水过河，但在雨季水很深时就要脱光衣服游过去。所以人们外出办事往往要带上两套衣服。以往搬运东西主要靠肩挑背驮，南门村的几个村民直到现在还记得，有一次村里一个嫁自毛枝大村③的老人要给去世的哥哥送酒，让四个小伙子抬了一坛150斤的酒（酒水和陶制酒桶），把四个人累坏了。正是由于这个原因，村里有些家长不愿意小孩去毛道上学。

可见，居处在五指山深处的毛道地区历来交通不便，十分闭塞，这对本地区人们之间尤其是与外界之间的交往产生了严重的负面影响。正因为如此，本地区黎族群众历史上的社会交往联系主要局限于各个黎族支系内部。其中尤以建立在通婚基础之上的村际间联系为多。婚姻关系的存在是克服地理位置阻隔最重要的力量，由于相互通婚关系的存在，村落之间的联系才成为了可能。

与汉族地区相似④，由婚姻而带来两个家族之间合作的看法，在黎族地区也存在着。在关于黎族婚礼中双方女子之间互动的描述里就可以看到该种意义，"随后，伴随新娘来的4个妇女和夫家的4个妇女一同做舂米状，这是象征男女两个家的友好合作。接着，男方各村的妇女以6人或8人为一组，也轮流做象征性的舂米，表示村际血缘亲属合作"⑤。

通婚关系带来了村庄的对外联系，但是这种联系并不能非常明显而迅速地向外扩展，因为村庄之间的通婚关系基本上是稳定的，每个村庄都有相对固定的通婚村落，具有历史传统继承性的特征。正是这

---

① "随"应为"虽"之笔误。
② 中国科学院民族研究所编印：《海南岛民族志》，1964年版，第15页。
③ 毛道乡政府所在地旁边的一个村子，离南门村有近10公里。
④ 《礼记·昏义》说："昏礼者，将合二姓之好，上以事宗庙，而下以继后世者也，故君子重之。"
⑤ 广东省编辑组《中国少数民族社会历史调查资料丛刊》修订编辑委员会：《黎族社会历史调查》，民族出版社2009年版，第53页。

种比较固定的通婚关系，使村际间的关系存在着某种程度的封闭性。这体现在传统的村际联系主要基于地理位置的相近，与相距较远地理位置的村庄就较少产生联系或者基本上没有联系。如雅袁二村的通婚村落主要是南打村、毛道的其他几个村以及红运村；南打村的通婚村落除了雅袁二村之外，则主要是番阳行政村的其他几个村落。而在此之外村庄之间的通婚关系则极少。当然在后文将会提及，这种封闭性也是相对的，其会因为某些特殊的原因而产生一些新的变化。

在传统时期，由于交通不便，更由于物资匮乏，超个体的村际联系与交往并不能由普通的群众来实践，而主要由村中的亩头、奥雅和头人（在集体化时期则由生产队长）来完成。[①] 在以前的一些酒宴上，只有奥雅等人才能喝酒，年轻人甚至没有资格赴宴。村庄的领导者主要承担起村际间交往主角的职责，这是因为他们往往是村中年龄最大、最懂事理的人。由他出面代理村庄事务，或者由他带领别的亩众或者村民一起处理村际关系。在合亩制时期，亩头有一些特权，比如可以留取部分公共财物以作对外交往所需之资，在集体化时期也会有较多的集体提留。在这种情况下，作为普通的黎族群众，能够参与的对外交往是有限的，更不用说突破通婚村落联系去扩展交往了。在这个意义上，村庄间社会交往的封闭性也因之而强化。

在同一地域的社会生活中，个人之间的社会交往容易理解，因为婚姻关系的确立直接就决定了个人间联系的范围与方式。事实上，村际之间的联系交往也主要与婚姻关系有关，村庄的交往半径主要以建立在通婚关系基础上的亲缘和血缘关系为尺度。黎族地区对通婚关系的看法比较独特且有趣，个别的通婚关系对村际联系有时会起到决定性的作用，也即只要有一对婚姻关系，两个整体层面的村庄之间就存在着姻亲关系，从此双方之间的往来就会变得十分频繁。之后的通婚关系也会愈来愈多。这种现象的出现与合亩制地区黎族村落规模普遍较小而且基本上是大家族有关，这有益于将个别姻亲关系迅速扩大到村庄层面。而在中原汉族地区极少出现类似情况。

---

① 在合亩制地区，"亩头""奥雅"和"头人"三种角色基本上是高度重合的，主要是指在村庄中社会地位较高的、具有一定领导才能的年长者。

除了因婚姻关系而带来村际间的频密交往之外，还存在着因为结拜关系带来的村际联系。在传统合亩制地区，历史上就存在着龙仔和龙公的关系，这实际上是一种将非血缘关系血缘化的机制。通过结拜而产生的村落间联系也比较频繁，只要对方村落中有重要的事情，己方就会像对方自己的兄弟一样提供帮助，在重要的日子也会相互来往。

结拜关系在毛道地区很早以前就存在。毛道村的王老本合亩，亩头王老本是龙公，在外乡的龙仔有20户，分布在雅袁、毛枝、红运，以及乐东县。另外还有毛农、雅袁、毛枝小村等都是全村拜王老本为龙公的。① 龙公与龙仔的关系虽然在本质上是人身依附关系，因而具有某种封建剥削色彩，但是从形式上来看，在相互之间建立起了一种类亲属似的关系，于是存在这种结拜关系的个人之间就有了类似血缘的关系，而具有结拜关系的村庄间也成了兄弟村落，并承担起相互负责的义务。正是因为村落之间存在着这样的一些关系，村际间的交往频繁，并一直延续到现在。

传统社会的村际间联系除了包括宴会聚餐等日常交往之外，也体现为特殊场合和特殊时期相互间的社会交往。尤其是当一个村庄受到外力的攻击，平日素有交往的尤其是存在姻亲和兄弟关系的村庄就会出面帮忙。在本地历史上，这种特殊场合和特殊时期的村际交往主要以峒与峒之间的关系作为表现，峒与峒之间的战争和械斗往往就是这样产生的。峒与峒之间复杂的社会联系在前文已有叙述，在此不再赘述。

当然，传统的黎族社会村落之间和谐相处是主流，但是这并不意味着不存在矛盾和冲突。正如在前文中所提及的，村庄之间也会因为各种原因而爆发冲突。尤其在杞方言黎族村落和哈方言黎族村落之间更是如此。

至于作为对外社会交往特殊形式的矛盾与冲突，其解决一般会因为政府的介入而逐渐平息，不过一般而言当地社会本身也会有一些用以相互和解的本土性方法。对后者来说，冲突双方之间在都意识到和比战好

---

① 广东省编辑组《中国少数民族社会历史调查资料丛刊》修订编辑委员会：《黎族社会历史调查》，民族出版社2009年版，第40页。

的时候，就会相互释放善意，并且由双方上了年纪的女性（寡妇）出面举行和解仪式，最后就可以冰释前嫌了，之前已经断绝的婚姻嫁娶关系又可以重新恢复。

总体上说，由于本地区的社会形态尚处于较原始的阶段，与私有制相关的思想观念没有充分发展。他们甚至没有商品的意识，生产出来的产品，以供给自己生活的需要为目的，少量或无偿送人，或以物易物，而以货币进行交易者甚少。[①] 因而本地黎族群众民风颇为淳朴，总体社会关系也是以和谐相处为主，相互之间的交往联系皆以习惯法进行维系，而且传统的行为习惯由村峒的领袖或头人来履行。但是随着历代外部力量渗入黎区，传统的习惯法逐步被破坏。

第一，峒的疆界原来是神圣不可侵犯的，自从各个峒直接由白沙总管统辖以后，峒界便开始遭到人为地破坏。例如毛道和雅袁本是两个峒，但20世纪中叶因雅袁峒没有懂海南汉语土话的黎人充当头家（峒长）而被并入毛道峒，由王老魏的祖父统辖两峒。第二，峒长原是在群众中自然产生的社会领袖。但自峒长受统治当局册封后，这一人选便以能否操汉语方言海南话与上级官吏通话为必备的条件。自从雅袁的头家王老多死后，该峒便没有懂汉语的人承袭，因而峒的组织被取消。……峒与峒之间，经常存在友好往来的关系，有时会发生纠纷、甚至械斗。但毛道峒和邻近的峒，如雅袁（后并入毛道）、毛枝、通什、福利和乐东县的番阳、毛农，以及白沙县的太平等峒，经常友好往来。它们相互之间均有通婚关系，每逢婚丧事即互相贺吊，遇事关怀互助。[②]

从更细微的方面来看，黎族传统社会的交往礼仪也比较复杂，这种礼仪方面的内容最主要体现在宗教活动中。在日常生活中也有一些相应的礼仪规矩。

首先是社交礼仪。1949年前，男子相遇，要互相让路，表示互相尊重；女子相逢，要双方站定、拉手交谈，或并肩入屋，表示亲热；同

---

① 陈立浩：《历史的跨越》，南海出版公司2001年版，第180页。
② 广东省编辑组《中国少数民族社会历史调查资料丛刊》修订编辑委员会：《黎族社会历史调查》，民族出版社2009年版，第58—59页。

辈男子相会，要侧身挨近，叉手拍膀，表示亲热；小辈见大辈，要站立让路，大辈见小辈，以呼尊称和携手入座为礼遇；对小孩，女人抱起吻脸，男人抱起拍拍屁股，以示疼爱；见"奥雅"要尊称、让路、让座以示尊敬；请求许愿要下跪磕头；盟誓要双脚站立，双手捧鸡血酒碗一饮而尽，表示严肃、坚决；禀报或认许大事要事要割指按血印，或单腿下跪，左手扶粉枪，右手握腰刀，以示庄严；愤怒谴责以拍胸、拍桌、叉腰、跺脚、鸣枪、砍柱、击鼓咒骂表示。

其次是待客礼仪。客人来，主人要取炭火。烟叶、烟筒在门外接待，请其抽烟、休息，并将客人的行李拿进屋去。接着，杀鸡备酒敬客。席上，宾主对坐，男客先酒后饭，女客先饭后酒。主人敬酒时，先自饮，后敬客。客人喝后，主人要夹块肉送进客人口中。酒酣，主客对山歌，场面热烈。客辞行，主人拿其行李送至村口惜别，嘱其再来。主不送客视为怠慢客人；客人自拿行李视为嫌弃主人。

最后是男女礼仪。在村内或家里，男女之间不得讲粗话和唱下流歌谣。男女发生冲突多是男子让步。男子之间发生械斗，女子出来劝阻，必须停止。男子围坐抽烟时，女子不得从中间走过。女子在路上遇到岁数大的长辈男子迎面走来要让路。[①]

如上所说皆是值得称赞的传统美德，在现实生活实践中却未必严格按照这些规矩来。至少就现代本地黎族社会的社会交往来看，并没有严格按照这种解说进行。这在本书的其他部分都已经有所表述。当然，其中有些内容在现代黎族社会中也可以看到其存续下来的影子，比如聚会喝酒的习俗基本没有变化，主人送客人直到村口惜别等亦没有太大不同。社会变迁的本意就是如此，有些传承了下来，而有些则被改变废弃了。

二　改革开放之后：融入现代元素的村际联系

随着改革开放时代的到来，给本地黎族群众带来了巨大的影响，这种影响在产生之初是以心理上的不适应为表现的，即从传统意义上的集体劳动突然转变为家庭个体劳动，这需要较长的时间来适应，这也是后

[①] 五指山市地方志编纂委员会：《通什市志》，方志出版社2009年版，第790页。

文将要提到在具体的家庭个体劳动中会回归传统的原因。但是不论结果如何,改革开放政策的实施不可避免的为本地区村庄之间的交往注入了一些新元素。即使没有从根本上改变村落之间的联系,也在形式上与传统时期有所区别。

(一) 经济理性意识增强

集市贸易甚至简单的物物交换是体现一个地区社会交往与开放程度的最重要指标。但是在该地区历史上没有过这种经济形式的记载。直到19世纪末期,随着广西提督冯子材带兵入琼之后,才在五指山创建了第一间货栈,让黎汉进行商品交易[①]。在早期的黎族货栈中经商的主要是汉族商人,主要从事的交易是将本地区的农副产品收购走,将汉族地区的生产工具卖给当地黎民。这些商人在双方之间赚取巨大的"剪刀差"利润。应该说,这是早期黎族群众对外界社会的认知方式,甚至是唯一的对外联系方式。这种外来文化虽然在从根本上改变本地区黎族群众的商品经济意识方面作用并不明显,并且在事实上后者是外来文化的受剥削者。但可以肯定的是,这改变了他们对外部世界与自我世界的看法,人们从此开始就有了对外交往的意识。

在改革开放之前,中国人的商品经济意识是十分薄弱的,而在没有市场交易传统的黎族地区,这种意识更为欠缺。这与改革开放之前物资缺乏以及农户能够实现基本的自给自足有关系。如今,商品和市场经济的意识在本地区也较快地流行起来,在每一个村庄都有几个商店,甚至有些村民还走街串巷去收购一些农副产品,卖到市场上去。

最近几十年来当地漫山遍野都种上了橡胶树,这是如今最重要的经济作物,占据了村民收入的大头。这也仅仅是多种经济作物中的一种。人们选择种植某种作物不再主要是遵循传统,而是基于该种作物能够获得经济效益的预期。2013年冬天,南门村的好几户村民就在自己的田地里种植了青瓜[②]这种作物,这并不是本地的传统作物品种,之所以种植它仅仅是因为听说在万冲镇有很多种植青瓜的农户赚了大钱而已。当然由于受到市场波动的影响,所获得的收益并不理想。这种跟风现象虽

[①] 陈立浩:《历史的跨越》,南海出版公司2001年版,第180页。
[②] 即北方大陆地区的黄瓜。

然暴露了本地黎族群众市场意识还不成熟的缺陷，但是至少也表明他们和传统时代的农民已经不一样了，他们具备了基本的经济理性意识。正是这种经济理性使得他们在开放性程度上也有所进展，越来越多的外出打工现象即是证明。

(二) 通婚半径变大

相邻的乐东县万冲镇是以黎族哈支系为主的地区，他们虽然和黎族杞支系同属黎族，但是又有所不同。结合老人们关于村落来源的传说，笔者基本上可以判定，现乐东哈方言黎族的部分地区原来为杞方言黎族所有。这些地方地势相对平坦，耕地也更为肥沃，对外联系也较为方便。杞方言黎族被驱逐出了原来的领地来到了如今的地区。因而双方具有敌对的情绪。这种敌对性表现在人们的日常生活中，比如本地杞方言黎族对哈方言黎族有一些不好的看法，认定对方会放毒做坏事，因而对与对方交往充满着某种程度的恐惧感，并且随时警惕对方的害人之心，乃至于发展出了应对哈方言黎族放毒的方法①。这也是过去杞方言黎族很少与哈方言黎族通婚的重要原因。

而在农村改革之后，随着商品经济时代的到来，传统的封闭性社会生活方式被打破。在新时期，断然的隔绝不但不可能而且也没有任何好处。村落间的乃至不同支系不同民族间的交往越来越成为正常现象。如一些生产资料和日常生活用品就必须在乐东万冲市场得到满足，因为它与外来物资的对接比五指山区各乡镇更为方便，因此杞方言黎族就必然会和哈方言黎族甚至附近的一些苗族群众发生联系。

在万冲镇的街道上也偶尔会发现穿着鲜艳苗族服饰的妇女。正是由于不同文化的存在，使得特定民族具有更为强烈的民族意识。有一次，笔者和南门村黄明纠一起外出，路上看到一个人骑摩托而过，他一看就断定对方是苗族人，因为苗族人穿衣戴帽与黎族人不同。据说，他们的

---

① 村民说哈方言黎族很会使用放毒的方法，他们放毒不是因为和被害人有仇恨，而是为了杀人而杀人。他们所释放的毒不会现场发作，属于慢性毒，在喝酒的时候没有任何反应。当喝完酒之后回家就会发作，但是这个时候已经距离好长时间，没有办法查找投毒者了。正因为如此，放毒者才敢大胆的害人。杞方言黎族村民说他们只要在有哈方言黎族人在场的酒桌聚会上，都要先吃一个米椒，然后再喝酒，因为吃了米椒之后，会让毒性立即发作出来，并在现场把放毒者抓住。

脸形也和黎族人不同。可见,本地区族际之间的联系也多了起来,在传统的婚姻市场受到挤压之后,原本相互封闭的通婚屏障也有所打破,出现了对少数杞方言黎族和哈方言黎族通婚现象的许可。更有甚者,在各个黎族村庄都出现了跨省婚姻例子。

笔者曾跟随南门村民到南打村去参加一个婚礼①,婚礼主角是该村的一个男性村民及他娶自万冲哈方言黎族的新娘。南打村是南门村主要的通婚村落,这是笔者一周之内第二次去这个村了,前一次是一个年轻村民病愈出院,南门村全村各户都有一个代表前来参加。几天之后,南打村有一个小孩要过周岁生日,南门村到时又要每户派一个代表去喝酒。

在结婚这样的正式场合,炒菜和盛菜的工作主要由男人们承担,而村中所有的媳妇则要分头出动去给客人敬酒。最后,新娘新郎会在伴娘伴郎的陪伴下过来敬酒。宴会过程一般会持续至少三个小时的时间。之后大伙都纷纷返回,笔者又搭三轮车回南门村。开车司机以及满车的将近十余人都喝得醉醺醺的。但人们似乎见怪不怪了,并对司机驾车技术十分有信心。很多村民会借着酒劲,一路上谈笑风生,每个人都表现出十分快乐的样子。

村庄之间联系所成立的基础在本地区的婚姻关系,传统的婚姻由于地理位置比较相近,因而很容易就成了村际间交往的直接原因。对南门村民而言,联系最多的即是因为婚姻关系而产生联系的村庄:其中尤以南打村为最,村民每月要去四五次;较远的是红运村,至少一年要去四五次;而畅好乡则因为距离太远而联系较少,但是基本上也会每年交往一次。而其他的村子因为既没有血缘关系又没有婚姻关系,联系就比较少。在当前,改革开放使得年轻村民尤其是女村民纷纷外出打工而远嫁外县甚至外省。这样一来,绝对地理位置的阻隔使得婚姻关系带来的跨地域交往有所减少。村民和本村的外地女婿家族几乎没有往来,除了文化上的差异之外,地理位置显然是一个最大的障碍。

南门村梁敬英嫁自南打村,她儿时的姐妹们有出嫁到江西和福建的,亲妹妹则嫁到了江苏苏州。后者是在江苏打工时认识现在丈夫的,

---

① 2012年1月14日。

后来就直接留在男方家了。对方虽然也是农村地区,但是条件比海南娘家要好不少。姐妹之间虽然远隔万里,但是一直保持电话联系,并一再邀请娘家人去江苏玩。但是被梁敬英婉拒了,理由是距离太远并且还要照顾小孩和老人。

南门村也有因为外出打工而嫁到外地的女村民,黄常新的妹妹就嫁到了湖北十堰。2012年春节回到南门村老家看望家人,她已经是两个小孩的母亲了,但是结婚后总共才回过两次娘家。对于父母兄弟来说,打心里不愿意自己的亲人嫁到外地,因为这样一来亲情就被人为隔断了。更为紧要的是,如果姑娘远嫁异地,就没有机会建立起有效的本地亲戚网络,等于在社会交往方面少了一条本来可以发散出去的线索,这对本地黎族群众来说无疑是很大的遗憾。

(三)同学、工友关系的影响

如今村际之间的相互联系,也会因同学关系或打工同乡关系而形成。现代化意识介入的一个重要表现就体现在对孩子教育的认识上,虽然从总体上来看,本地教育水平不高,受高等教育的机会较少,但是村民对于孩子的未来也有一些期待,因而对孩子在学校的表现有所关注。南门村黄进宝生有三个孩子,二儿子(1995年生)在海南一中上学,其间因为成绩好被学校奖励到北京、上海、南京游历了一圈。另外,黄进全的女儿成绩也不错,被海南二中(在五指山市)录取。这在当地是很厉害的事情,他们已经一条腿迈进了大学[①]。对南门村的中青年村民来说,虽然受教育机会比起现在的小孩来说条件差了很多,但比起祖辈,大多数人还是有机会接受中小学教育的,和其他地区其他民族支系的人们或多或少有同学关系,并且在毕业以后仍然会保持这种联系。

在外打工过程中形成的朋友关系也很是重要。在一些重要的场合,朋友之间会相互走动,个人间的来往也会带来不同村落甚至是不同民族支系间的联系。南门村黄小龙一直没有找到合适的媳妇,直到2013年才结婚,他的媳妇就是万冲的哈方言黎族,原先并不认识,媒人正是南门村的队长黄进宝,因为同学邀请他去吃饭,其间谈到婚姻的事情,得

---

① 2015年,黄进宝二儿子以一本的分数考入长春理工大学,他是这一年整个毛道乡20个考上大学中成绩最好的。黄进全女儿则考上了二本的海南医学院。

知对方村里还有一个待嫁的高龄女青年。回村和黄小龙父母一说，就张罗相亲的事情，并最终顺利完成婚事。

南门村和乐东万冲镇的三平村也有很频密的交往。三平村也是一个哈方言黎族村落，和南门村并没有通婚关系，但是两村之间当前的来往很多，仅在笔者驻村很短的时间内就几次见到双方人员的往来。南门村民去万冲购置物品，如果有时间就会顺道拐进三平村找村民喝酒，然后醉醺醺地回家。据村民说，两村之间虽属不同民族支系，但是存在兄弟一样的感情。这是因为南门村黄文德的父亲年轻时得过一场严重的皮肤病，后来被三平村一个村民治好，前者就杀猪杀牛与后者结拜为兄弟。从此两村之间就建立起了联系，视对方为兄弟。当对方需要帮忙时，己方都会倾巢出动，不过在集体活动中从南门过去的人要更多，因为哈方言黎族群众的行动主要是个体性的，而没有全村集体出动的传统。

（四）现代交通带来的改变

在本地区，文化娱乐活动向来是缺乏的，村民日常的时间主要花在劳动上。在劳作之外，基本上每天都封闭在村子里。在公路开通以前，人们一般每月只有一两次外出万冲或者番阳逛集市的机会。对于妇女或者年老村民来说更少有时间外出，那时人们外出的机会主要是一些人情交往诸如参加婚礼和看望病人等。在公路修通以后，这种状况得到了极大的改善，按照村民自己的说法和笔者的观察，年轻人往往隔天就要外出或购买急需物资或外出访友。村庄内每天都会有人去往五指山市区或者万冲等地，村庄的对外联系明显增强。

对现代交通技术的掌握与否甚至成了村民在选择村干部时候必须考虑的因素之一。在这里我们很少发现有女性的村组长或村长，只有妇女主任这样的职位必须由女性担当。这自然与本地区由男性主宰社会和政治事务的传统有关[1]，但是在村民们看来则有不同的界说。什守村在选举队长时，一个女性候选人得票最多，但是她推辞不干。因为她认为现在当干部需要经常外出开会，尤其是到村委会和乡政府去，而自己又不会开车（骑摩托车），因此这种需要对外联系的工作只好交由男性村

---

[1] 虽然在历史资料上对合亩制地区存在原始母系氏族遗存的描述，但是从笔者所掌握的资料来看，本地区男权为重时期存在时间更长久。

民了。

　　毛道村委会的 8 个自然村，只有南门村和什守村最为偏远，离毛道乡政府所在地和五指山市区分别为 9 公里和 40 公里。原雅袁六村对外交往除了与毛道各村之外，同时还和现乐东地区的村镇联系较多，因为在现代交通体系建立起来之前，雅袁的村民翻过几座山（5 公里左右）就可以直接到达现乐东的万冲镇和三平村。笔者在前文也提到，雅袁六村一个重要的通婚村落红运村骑摩托车的距离是 18 公里左右，但是实际地理直线距离只有 5 公里左右。传统村民对外交往的距离远近主要看步行直线距离。

　　而现在因为交通相对发达，人们选择对外交往目的地的标准就发生了变化。人们主要依据交通便利程度和市场发达程度来选择自己外出的目的地。按行政归属来看，毛道乡和五指山市区是本地区人们应该常去的地方，日常的一些审批事务都在这些地方。但事实上，南门村民去的更多的是乐东的万冲镇和五指山市的另外一个乡镇番阳镇，虽然这两个地方比毛道乡政府距离相对要远一些，但是物资丰富程度比较高，因而也要热闹得多，这显然对平日在家埋头劳作的人们具有十分的吸引力。

　　2013 年的一天，南门村黄明纠种的青瓜苗因有点虫害而变黄，需要去万冲镇的服务点检查诊断并买点药。发动三轮摩托准备出发之前，几个村民就跑过来请他帮忙：黄陈克要充话费，黄仁春要买酒饼，二嫂要买洗发水，还有老父亲黄文德要买彩票。刚过了南打村，就碰到了一个熟人开着三轮车，车上坐了老婆孩子。对方用黎语和黄明纠打了招呼，就都停了下来，黄明纠走到对方面前，接过了半块槟榔嚼起来，聊了很长时间才相互告别，继续赶路。黄明纠告诉笔者，对方邀请他去参加小孩的生日聚会。

　　在万冲镇，把别人交代的事情办完之后，笔者就建议去菜场看看有什么菜可以买，晚上一起喝点酒。先碰到的是一个卖菜的年老妇女，黄明纠把我带到那里，告诉笔者说这是黄陈克姐姐的婆婆，为了照顾她的生意，笔者就在她这买了几把四季豆。接着在一个卖猪肉的铺子上买肉，因为黄明纠说都是熟人，经常会碰到面，不过对方具体是什么情况并不清楚。在万冲镇闲逛的过程中，黄明纠还碰到好几个熟人，有什守村的也有南打村的。

(五) 现代通信技术带来的变化

关于对外交往，除了地理位置发生实质改变的活动之外，那些没有发生位置变化的对外联系活动也十分重要。这些活动主要与现代传媒技术在本地区的传播和使用有关，其中最重要的是电视技术的应用。人们的很多现代知识大部分是通过电视获得的，电视对于人们特别是小孩的社会化作用非常明显。在传统时代，类似海口、三亚这些城市对本地人来说是陌生地名，但是现在即便是两三岁的小孩也会把这些城市名挂在嘴上。

又如普通话在黎族群众中的熟练使用，电视技术也功不可没。在有些民族文化研究人员看来，现代电视技术的使用对本民族语言的继续存在造成了威胁。不过，在传统合亩制地区这似乎并不是一个问题，本地的小孩在日常生活中仍然十分流畅的使用本民族语言。同时对普通话的掌握比成年人尤其老人要容易得多。虽然村民们比较喜欢观看电视剧，但是偶尔的也会收看一些新闻节目，这对开拓村民的视野和了解外面的世界无疑具有积极的意义。

南门村最早的一台电视机是1988年由生产队集体购置的。当时集体经济已经分散到户，村小组没有资金来支付购买电视机的成本。于是村庄中的每个成年村民都上山砍竹子，卖了700多块钱，去乐东万冲买了一个电视机，放在村干部那里，每天晚上大家都去看电视。如今，电视机已经不再是一件奢侈品，几乎每家每户都有电视机，而且在政府提供的卫星电视接收器的帮助下能够收看的电视台也多了不少。南门村黄文德家里摆着一台电视机，上面贴着一个标签，写着中共中央宣传部、国家广电总局的"电视进万家工程"，这是2005年政府分发的电视机。当时村里黄国安和黄进文也有这台电视机，但是在2011年的村庄火灾中都被烧毁了，黄文德家的电视机是被抢救出来的。

在电视机普及之前，有少数村民也会使用收音机来获取信息。在集体化时期则由统一的广播系统来传达政府的相关信息。目前随着通信传媒技术的进一步发展，大部分村民都使用起了手机，还有相当多的村民用的是带操作系统的智能手机，这种手机可以播放MP3音乐文件甚至是一些视频，同时还能满足人们的通话联络需求。在南门村的田间地头，时不时会传来一些音乐或者广播节目。黄文德就花了几百块钱买了一个山寨的智能手机，每次外出放牛或者干工的时候都会随身携带。

手机的广泛使用给人们的对外交往方式带来了一次革命。传统社会中必须通过口耳相传方式完成的活动现在已经因为可以借助这一现代传播方式而简化很多。许多传统的仪式和内容随着电话的出现而没有存在的必要了。比如传统婚姻和生育礼仪，需要当事人步行至交往对象处当面告知，在这个过程中会有一些传统要素相伴随，但现在只要一个电话就可以轻松解决。即便有时为了表示重视和严肃性，某些传统仪式如相亲、迎亲等人们还会遵守，但是其中也少不了手机的功用。另外，关于丧事的通报，现在也主要通过手机通知亲朋好友。

（六）外来文化的影响

外来文化是一个统称，它包括许多方面。对作为少数民族的黎族而言，主流的汉族文化是其最主要的外来文化影响因素；对历史上比较独立的基层社会政治组织而言，现代性的国家政权力量是其外部文化的主要影响因素。

从政治文化层面来看，由于本地属于历史上的"生黎"地区，较少受到国家政权文化的影响。而到了近代尤其是中华人民共和国成立以后，本地区即开始受到外部行政力量的直接影响，大至行政社区的频繁整合与调整，小至村庄内部的家族结构和权力架构都有十分明显的国家影响烙印。

改革开放以后，本地区受国家政权的影响也是显而易见的，最主要的政治文化影响表现在村民自治方面。在传统基层社会政治组织中，领导者都是按照习惯来确定，而现在则要通过形式上的民主票决来确定，这种民主票决方式对人们是十分陌生的。当然，村民自治在基层社会的实践，也为传统村落（尤其是共属同一行政村的自然村组）的村际交往带来了新的影响。

另外，笔者已经指出，在本地区的黎族群众中没有特别重要的节日。就目前而言，相对重要的节日都是外来的，比如春节、妇女节等。至于"三月三"这个在文献资料上被认为是包括黎族在内许多少数民族重要的节日，当地人并不如此认为。本地群众对"三月三"节日的认知更多来自政府部门对它的构建与宣传，原因主要在于独特的民族文化在旅游业发达的当今社会是很重要的资源。不过，"三月三"节日在政府层面上的构建与宣传，对本地黎族群众也并不是没有意义。它给当地黎族人提供了又一个机会去参与外部交往。南门村的一些女性村民就指出在"三月三"村里没有活动安排，如果大家有时间就可以去五指山市区的黎族文化广场看别人跳黎族舞，但仅仅是局限在观赏而不是去参与，因为她们很少有人会跳这种舞蹈。

而在一般意义上，外来文化的影响更为普遍和深刻。20世纪80年代以后出现的全国性打工潮现象就波及原本比较安静的村落生活，南门村几乎所有的青年都有外出打工的经历。虽然最近一些年由于橡胶产业的兴起，绝大多数男青年回村干工，但还是有为数不少的女青年仍然在外打工甚至在外成家。这甚至使得本地区男青年的婚配成了严重的社会问题。

外来文化的进入，改变了黎族群众社会生活的每一个细节。除了手机成为村民的必需工具之外，村民对外来的生活娱乐方式也有了自己的追求。当黄进宝听说笔者要在一次聚会上给他拍照片的时候，他显得很高兴，并说要放到电视台上去，放到展列厅去。村里的年轻仔只要心情高兴了就去城镇唱卡拉OK，或者在村民黄才建家自己添置卡拉OK的客厅里唱歌。2013年黄永瑞买彩票中了大奖，请南门新老村的所有年轻仔到五指山市区的歌厅唱歌。

（七）交往主体年轻化

在以前，参与村际间交往活动的主要以中老年人为主，这是因为他们在合亩及生产队事务中有比较重要的社会地位。而如今，年轻男性村民开始成为主要的对外交往主体了，尤其在参与一般性的聚会活动时更是如此。这种状况的改变直接源自物质条件的改善，每个村民都有了部分自己可以控制的资源，而且对于年轻人来说又有会使用现代交通工具的优势，使得部分老年人也不得不依赖前者对社会交往的参与。

在酒桌上除了最年长、最有权威或者懂法术的人坐在最重要的位置外，其他人都随意而坐。不过男宾和女宾一般都是分桌坐，这并不是因为要照顾女宾少喝酒，恰恰相反，女宾的酒量一点也不比男人小。笔者认为，男女分坐纯粹是出于方便而已，相同的性别有共同的话题，自然会坐在一起。当座位紧张不够用的时候，男女也会混合搭配而坐。

村庄间建立在婚姻关系上而产生的交往，除非和本人是至亲，女村民可以不用直接参与，丈夫或者自己已经懂事的儿子代为参与就可以。不过，本地黎族妇女除非有紧要原因，一般都会前往赴会。对村民们而言，不论男女老少都不会随便放弃这样的聚会机会。正是在这个意义上，笔者认为本地黎族群众是一群害怕孤独的人，社会本身不断地创造和提供这些为大家聚在一起的机会，人们也会尽量抓住这些机会。

当前村民外出的情况很普遍，人们的活动范围比较大，活动速度或效率也很高。笔者经常会在同一天在不同的场合和不同的村落中发现同一个村民。这在以往的传统村落中是不可能被看到的，这种现象的出现与现代交通条件（包括通信技术）的改善存在密切的关系。社会生活的大变迁同样体现在小孩的教育方面，南门村黄才建的大儿子现在被送到了万冲镇读寄宿制幼儿园，每学期学费2700元，包吃住，每星期接回来一次。小孩从这时候开始就已经认识了外村的一些小朋友，视野显然有所拓展。

三　变迁发生的原因

总体上来看，随着时代的变迁，各个村庄在开放性程度方面发生了较大的变化，也使得村际之间的交往产生了一些新的特点。具体而言比较显著的变化体现在以下几个方面。

首先是对外交往的范围有所扩大。尤其是随着跨地域婚姻现象的存在，使得当事村民与地域社会之外的交往开始出现。在传统时期，每个村庄交往的对象是比较固定的，即主要局限在通婚村落之间，而通婚半径则往往比较短，因此很少会有跨地域的通婚联系。而如今，跨县跨省的婚姻现象并不是偶然存在，也因此很多黎族群众借机到外县外省走了一圈。可见，本地群众对外交往的范围扩大了不少。

其次是引起对外交往的因素更加多元。在以往，婚姻是导致对外交往的最主要因素，通婚关系建立的同时就意味着对外交往联系的建立；而在当前，除了婚姻这种传统的联系之外，还有同学或工友这些带有鲜明现代特色的因素也会导致对外交往的产生。随着人们对子女教育的重视，以及外出打工现象的增加，这种对外交往也会越来越多。

再次是对外交往的主体发生了变化。在传统时期，村落的"奥雅"

或者各个合亩的亩头，即那些社会地位比较高、年龄比较大的人才能参与村庄的对外交往；如今，年轻人也普遍的、甚至成了对外交往的主体。这和现代交通及通信技术的进步有直接的联系，年轻人一般都会骑现代交通工具，也比老年人更会使用手机等通信工具。

最后是对外交往的事项增加。在传统时期，村庄之间的对外交往主要是红白喜事或者是农事互助；如今村际之间的交往远远超出这几项，并且变得日益烦琐，村民病愈出院或者小孩过生日都有可能会举办一次不小的聚会。以前人们见一次面需要一个月的时间，而如今可能只需要两三天。

上述各方面变迁的主要原因是因为宏观的生产生活方式发生了极为巨大的变化。农村改革政策的实施，使得传统的集体生产方式发生改变，生产效率也提高了不少。同时市场经济意识也发挥了作用，黎族群众的对外交往因之而扩大，表现为交往地域扩大，以及交往方式方面的现代性特征更加明显。当然伴随农村改革的进行，人们的物质资料也比以前丰富许多，这也为当今村民的社会交往提供了便利，尤其在橡胶种植成为此地主要经济来源之后更是如此。人们的对外交往水平与质量都与当年的橡胶价格相关，很难想象没有经济资源的支撑，人们的对外社会交往能够持续下去。

第二节 村落生活中不变的传统

合亩制在被发现伊始，已经从较为纯粹的原始共有向部分私有状态过渡，尤其表现为生产资料的私有以及亩头对亩众即龙公对龙仔的剥削事实。应该说，合亩制自然发展进程的前途就是私有制和剥削制度，但是这个自然进程因社会主义合作化运动的到来而戛然而止。如前所述，虽然社会主义集体制度建立对本地黎族群众的社会影响远没有改革开放的影响为大，与内地相比这种变化所带来的影响也要小很多。但是总体社会制度和意识形态的变迁，对传统社会生活价值观和生活方式方面的影响也是很明显的。这些影响体现在各个方面，上一节内容中所呈现出来的各种变迁即为证明。

再具体而言，在中华人民共和国成立之后，本地黎族社会中最为重要的传统原始宗教信仰因为外来文化的影响而变得式微。同时，合亩制度所赖以建立的家族和宗族基础也被不断地削弱。村民被国家和政府组织起来，成了有计划的社会生产的主力军。人们的所有活动几乎都是被计划的。在这种状况之下，人们自然也较少有机会主动选择自己的交往对象。实际上，在集体时期个人与家庭几乎是没有资源的，因为资源都主要掌握在集体手中。因此，传统的宴请聚会在这一时期并没有条件开展，而它又恰恰是传统村落间紧密联系的最主要手段。因而这一时期的村落间交往，主要是以村庄精英代表各自村庄进行交往，且以政治性交往为主，如共同完成上级交付的任务等。而村民私下的交往因为时间和资源皆不充沛而受到很大的限制。

根据南门村民的描述，在20世纪70年代，村民的婚礼十分简单，用现在的眼光来看甚至简单的有些过分。由于物资和劳动力的不丰富，那时候的婚礼已经不再允许杀牛，而杀牛待客在黎族社会中是十分重要的传统。黎族群众"有牛就有一切"的说法就表明了牛只在黎族社会生活中的重要作用。其重要性体现在两个方面，一是宗教场合，通过做"鬼"的方式来求得平安；二是社会场合，表现了主人的财富和社会地位。

但是在集体化社会中，牛只的作用发生了变化。首先，牛等牲畜是集体的，个人被安排参加生产劳动，不可能有足够的时间和精力进行牛只的个人饲养；其次，牛是作为重要的畜力来使用的，国家在政策层面上显然不允许将其任意宰杀。于是，在这一时期的婚姻缔结中，有些传统习惯不得不随之改变，如不再用牛只作为聘礼，在婚宴中宰杀牛只也已极为少见。人们的婚姻开始遵照现代规则确立，即只要双方领取结婚证即表示得到政府的合法承认。婚姻的缔结仪式也因之而变得十分简单，这一时期成家的村民有些甚至直接领证就完成了婚姻的缔结。

同样，由于社会主义意识形态和无神论的教育和传播，黎族群众对宗教和迷信的看法也发生了变化。在历史上，因为黎族群众所处的社会发展阶段较为落后，对自然科学知识的认知是比较低下的，这导致了本地黎族群众崇拜原始宗教，视万物有灵，并普遍以"鬼"称之。凡遇到挫折、不顺，甚至是小孩啼哭、多梦，人们皆以为是有"鬼"滋扰，并请村中懂得法术人士作法驱鬼，即本地称为"搞平安"的仪式。而现在，这些做法被贴上了迷信的标签，在社会主义社会中丧失了其继续存在的合法性。

这些影响是巨大的也是十分深远的，时至今日，如果不经过仔细深入的调查，我们表面上所看及的都是冠冕堂皇的无神论及勤俭节约的说教，这也说明20世纪50年代以后社会主义诸方面的教育的确产生了积极和显著的效果，在人们的心目中打下了深刻的烙印。官方在本地设立的合理和合法化标准也得到了承认，即村民开始普遍认为以往的传统那一套是不正确的，而官方所宣扬的那些是正确的并且应该被接受，在公共场合无神论和现代价值观成为外显的话语体系。相反，本地区那些传统内容形式至少在表面上被人们所放弃。

这些传统变迁除了上述两方面之外，也包括合亩制和"峒"组织制度本身。合亩制随着社会主义合作化及集体主义的实践而趋于消失，并被新型的社会组织和生产组织"生产队"体系所取代。"峒"组织也因为现代国家体制的建立而成为了历史，被乡级政府组织所替代。所有的这些变化在20世纪80年代以前是十分明显的。在某种程度上黎族社会在1949年以后的三十年间与传统在形式上是相隔离的，即本地黎族社会的传统在这段时间似乎已经销声匿迹了。

然而传统并没有真正消失。在1949年以后的几十年中，虽然处于外部力量有形或无形的作用下，传统丧失了其合法存在的土壤。但正如美国学者奥格本所提出的"文化堕距"理论所说的，社会心理层面的变迁往往要晚于实践的发展，作为深刻印记在黎族群众心中的传统文化自然也并不是那么容易被消除殆尽的，尤其是当这种外部力量的作用存在不超过一代人的时候更是如此。在社会主义无神论盛行的时代，被贴上不合法标签的内容从明处退缩至暗处直至以一种记忆存在于世，一旦社会环境变得宽松，这种传统就会重新焕发出来。在大陆内地，传统宗族意识的复兴实际上也是对这种状况的极好说明。

在笔者所涉及的黎族地区，传统内容也十分明显的"复兴"起来了，或者说根本就没有消失过，从暗处重新光明正大地出现了。在南门村、什守村及南打村，直到农村改革开放40年后的今天，我们都能够发现一些虽然土地已经承包到户，但是却保留了类似于集体时代共同干工的例子。最有代表性的就是南门村黄文德一家，其五个儿子（其中三个已经成家）一起劳动。

这和传统合亩制时期生产资料私有、共同耕作的形式十分相像。如今的共耕现象与20世纪80年代初期在本地推行的土地承包到户有一定的关系，即由原先的集体化经营突然转变为个体经营，许多农户不能顺利的适应这种改变，因而习惯性的在小范围内保留集体共耕的方式。当然，我们如今所发现的共耕组织有一些共同的特征，即都是兄弟、父兄之间的共耕，而且往往是有些小家庭因缺少劳动力需要别人帮助的家庭。也就是说，现实的家庭经营困境使得共耕成为一种需要。显然，其中具有合亩制度的明显痕迹与影响。

关于行政制度的实践，虽然如今的行政区划具有鲜明的现代特征，是现代文明引进之后的产物。但是在具体的实践中，我们仍然可以看见传统"峒"组织制度的影响。这在行政村和乡镇的边界设置上来看表现尤为明显，甚至可以直接看到传统"峒"组织制度的影响。如南门和什守二村直接被称作雅袁，因为在传统时代这里自成一峒为雅袁峒，在50年代实施小乡制时被设置为"雅袁乡"。后来其被并入毛道行政村，也保留了"雅袁村"作为一个整体而继续存在下来。毛道在传统合亩制时期也是一个较大的"峒"，并且对雅袁峒具有一定的支配权，这与当前两者之间的关系具有一定的相似性。对南打村来说，也是如此，它所在的番阳镇历史上就是独立的番阳峒。

传统的痕迹不仅仅体现在上述几个方面，而是各个角度、全方位的，包括宗教信仰和社会生活方面。虽然让本地群众自己来回忆也未必能够对传统与现代生活的联系作出准确的说明，但是通过对照20世纪人类学家对此地所做的人类学调查，我们可以比较清晰地发现这种联系的存在。

一 宗教信仰

（一）传统原始信仰

直到20世纪50年代，杞方言黎族"合亩"制地区仍处于较为落后的原始农村公社状态，科技和文化水平比较低，因而对一些自然现象不能进行科学的解释，以致其原始宗教意识浓厚。在人们的日常生活中，很多方面都具有十分深刻的原始宗教信仰印记。该地素有"天上怕雷公，地上怕祖公，人间怕禁公"的说法，这里所指的三种令人害怕的对象事实上都和宗教有关，也体现了黎族群众的原始宗教信仰现象。这些较为原始的宗教信仰在黎族社会中起着非常重要的作用，即便是在经历了深刻社会变革之后的当前，它的影响不但没有消减甚至在某些场合重新变得重要起来。

在毛道地区，宗教生活意识既与逝去的死人相关，也与日常生活中的各种事项有关。与其他学者所论述的不同，笔者不认为在黎族社会中存在着对某些对象（包括祖先）的崇拜。比如绝大部分的著作中都提到黎族人有祖先崇拜[①]行为，但根据笔者的调查所见，至少在合亩制地区的杞方言黎族支系，他们对祖先的态度并没有崇拜和尊敬可言，而用"惧怕"和"恐惧"来形容这种关系似乎更为恰当。

前述本地人所惧怕的"雷公""祖公"和"禁公（禁母）"[②]三种现象，分别反映的是对自然、祖先和坏人的惧怕。对于后两者而言，实际上体现出来的是黎族群众对社会关系方面宗教意义的认知。对祖先的惧怕，反映的是纵向历史的社会关系，而对禁公的惧怕，则体现了对处于即时横向状态的某些特殊社会关系的不安反应。

这种带有原始色彩的宗教思想，原本是土生土长的，但是由于外部文化的渗透，使得原初的本土宗教意识具有了某种程度的外来文化的混合特征。在历史上，本地区就曾有基督教和伊斯兰教传教的记载，现在在极少数的村落中也有部分基督教的信众。在本书所研究的几个村落中保留着较多传统的本土宗教意识，尤其在什守村和南门村表现得更为明

---

① 在本文中，笔者并不认为本地黎族群众有"祖先崇拜"现象，而用"祖先恐惧"更为合适。不过由于历史资料中采用这种提法，在文中引用相关材料时不作异动，但并不表示笔者同意"祖先崇拜"的提法。在本文的其他部分，但凡引用相关历史资料时涉及有"祖先崇拜"，都不做改动。

② "禁母"是指妇女；"禁公"是指男子。黎族人们普遍认为，"禁公"魔法高强，能主动去害人，会把人直接禁死，而"禁母"害人则是因为禁鬼太馋，总想去吃别人家的东西，吃不到就会把人禁病。在具体的宗教实践中，多为"禁母"，很少有"禁公"。对"禁母"和"禁公"的处理办法是完全不同的，因为"禁母"只是灵魂不洁，并不是她自己有意识地去"禁人"，因此处理办法只是捕捉"禁母"去河里洗澡"解禁"；而对"禁公"，人们认为是故意下毒"禁"人，因此会把"禁公"处死。参见张跃、周大鸣主编《黎族：海南五指山市福关村调查》，云南大学出版社2004年版，第530页；全国人民代表大会民族委员会、广东省少数民族社会历史调查情况组编印：《海南黎族苗族自治州番阳乡、毛贵乡黎族合亩制调查》，1958年版，第29页。

显。当然，说此地宗教意识比较传统并非指其完全没有受到外来文化的影响。我们后面将会说明，本地区原始宗教行为本身也受到了道教的影响。

在传统的合亩制黎族地区，这种原始宗教意识存在于社会生活的方方面面，特别在丧葬仪式上体现得尤为突出。20 世纪 50 年代前，通什地区流行的丧葬仪式如下。

第一，报丧。凡家中有长者谢世了，人们立即就会鸣枪报丧，传出噩耗，左邻右舍的人帮丧家去向全村以及他乡的亲戚及出嫁女报丧。鸣枪报丧，一来向活着的人传递噩耗；二来是说通报给丧家的祖先鬼，好让它们知道有子孙要来和它们团聚，它们也要准备来领死者的鬼魂。死讯一传到，村里人和他乡的亲戚，就会抬猪提鸡、挑米带酒赴丧家治丧。[①]

第二，入殓。死者入棺之前，先用草席或白纸或洁净的布料垫底，然后放入尸体。在死者的口中和手中放几块光洋，或铜钱，或首饰、头饰，只用白纸、白布、黑布或薄被子盖着尸体，然后盖棺，埋葬。人死后就禁止再说他的名字。为了对其表示悼念和相信灵魂不灭，埋葬后即在墓地上放置死者的日常用品。

第三，埋葬。人死入殓后，在未出殡之前，先宰猪一头，请氏族的"鬼公"来叫鬼，同时"鬼公"和死者的亲属先到村口去祭送鬼魂，请它们把死者的鬼魂领到阴间去，随后用刀在榕树上砍几刀，象征生人和死者的关系一刀两断。[②] 在埋葬入土后，鬼公再次站在坟头叫唤着死者的名字，再叫唤着死者先人的名谱，意思是让死者的先人把死者领去；接着他又用一束树枝扫一下墓穴，意思是把生者的灵魂扫出去，让死者

[①] 曾昭璇、张永钊、曾宪珊：《海南黎族人类学考察》，华南师范大学地理系 2004 年版，第 52 页。

[②] 在其他资料中，关于人死入殓仪式的描述有些许不同，但是基本上大同小异。如在《黎族》中提到"入殓时，先给死者揉眼眶，让其闭目。并在眼眶各放一枚盖眼铜钱，使死者再也看不到在人世间的亲属。……合亩制地区，当病人一断气，死者的亲属就用棉布或羽毛往死者的嘴里蘸滴饭水，说是让鬼魂吃饱才好到祖先鬼那里去。出殡时，鬼公和死者亲属均去村口的一棵大树下祭送鬼魂。鬼公不断念死者祖先的名字，祈祷他们领去自己后代的鬼魂，并鸣土枪以报知死者的祖先鬼，又用钩刀在大树上砍几下，说这表示割断家人和死者的关系。当灵柩走到墓山路口时，在前面开路的两个妇女便杀鸡丢弃在路边，供奉山鬼以便让死者鬼魂进墓山。"参见邢关英《黎族》，民族出版社 1990 年版，第 92—93 页。

安息。坟前不立碑，也不建塚①。

死者被埋葬后，即以酒宴招待挑酒吊丧的外方亲戚，同村男女、同血缘的外村亩头和其他人都来喝酒，非同村而同血缘的人可以不来，但亩头一定要来。如果死者是亩头，他的忌日那天合亩不能犁田种地；如果死者是亩众，则仅其家属守忌辰。

在丧葬仪式方面，本地区还有一个禁忌，即：在死者未做"周年"②之前，不能唱歌。"周年"是在人死那年的最后一个月举行；如人死于十一月以后，则延到翌年举行③；是日，死者亲戚挑酒、米前来吊祭。黄昏时，当时埋葬时负责引路、带鬼、抬棺材、拿陪葬品的人，先到河里洗头后，同村男女也相继到河里洗头更衣。做"周年"活动和发丧时一样，全村男女及同祖先各村的亩头都来吊唁、喝酒，从晚上直至翌日的黄昏。一起喝酒的人越多越好。但是不同血缘的人，虽属同村，则不参加。

通过对逝者的相关仪式的描述，我们可以看到，在本地黎族社会中，活人十分惧怕死去的祖宗，恨不得与死去的祖宗没有一丁点联系。这不仅仅是杞方言黎族的习俗，就是在其他黎族支系也有类似的做法。④ 当然，在其他较早接触汉族文化的黎族支系中会有类似祖先崇拜和祭祀的活动，"在美孚黎地区似乎在某种程度上存在着祖先崇拜和祭祀活动，在每年的年底、打猎和战争之前都要祭祀和祈祷祖先，以便能够获

---

① 不给死者树碑建冢也说明了黎族人对死者的畏惧。

② 即本地群众所说的"欢乐酒"，在这一顿酒宴之后，大家就解除了悲伤，可以开展娱乐活动了。

③ 在本地则是安排在该年度12月的最后半个月办酒。如果是在12月的下半个月去世，则在正月里完成。

④ 有资料显示，在东方的美孚黎族地区也存在类似的状况。"墓山是整个部落峒和氏族的归宿圣地，是神圣不可侵犯的。它的一草一木都不能移动，只有新葬时才能伐木动土。东方区旧村峒各氏族都有一座墓山。墓山是该氏族的共同葬场。只要死者是同一氏族便都可以在山里选择葬地。江边区各峒都有两个墓山，一是祖墓山；一是婴儿墓山。在祖墓山中有一处是埋葬场，场内又分出各氏族埋葬处。氏族中有人死了，就丛葬在一块宽仅2米、长不超过20米的埋葬处。新葬者要埋葬时，往往要挖出旧葬尸或余物，然后把新葬者放进坑底再把旧尸或余物残骨放在棺外一起埋葬，最后垒土打实了事。非正常疾病死亡，如麻风、梅毒病故则另埋他处。婴儿墓山是供幼童或未成家立业者葬身之地。在这里只有共同的葬场，没有分出氏族墓场。外来不如族者则葬在此地的旁边。部落峒和氏族都没有清明扫墓习惯"。引自符镇南《黎族氏族及其传统社会组织结构实录》，载于符和积《黎族史料专辑》，南海出版公司1993年版，第9页。

得祖先们的庇护"①。不过在本地杞方言黎族合亩制地区没有这样的实践，"人们只在埋葬死者时才去墓地，平时一般不扫墓。不过，如果家中有人生病，人们多请祈祷师前来作法。如果此时祈祷师讲'祖先要求在墓地举行祭祀仪式'，人们就要带着牛、猪、鸡等供品等去墓地祭祀"②。

　　正因为黎族群众对包括祖先鬼在内的所有鬼十分惧怕和排斥，本地区就产生了一些专门从事与各种"鬼"对抗的会法术的人。其宗教活动由专门的神职人员来主持。神职人员被看作是鬼魂的"化身"与代言人，村民十分尊重他们，每每有事都要请他们给予化解。这些人主要有三伯公（道公）、老人、娘母等③。

---

　　①　[日]冈田谦、尾高邦雄：《黎族三峒调查》，金山等译，民族出版社2009年版，第76—78页。
　　②　同上书，第40页。
　　③　道公，海南话称"三伯公"，黎族民间宗教活动中的宗教职业者之一。职能是"查鬼""看病"和"治病"。"三伯公"念咒用海南方言，法具有铃、剑、牛角、驱鬼索、法帽、木头公子（俗称"马元帅"）、刀、鸡毛一束、印等。作法事时，多数穿便服或长道袍、戴道帽。手持一支有摇铃的神剑。看病查鬼时用米一碗、香一炷、纸钱若干、铜板3个，坐下念咒，指挥"鬼兵"，全身发抖，把双肩颤动一下，便把鬼名说出来。"三伯公"可世袭，父传子一代传一代，一般不授徒不外传，只要把法事器具交代给下一代，授以一些做鬼的念词和画符谱，便可以继承其衣钵。
　　奥雅都（老人）。"奥雅都"通俗地称为"老人""鬼老人""鬼公"等。凡有大型的宗教活动、丧葬活动，都必请"奥雅都"来诵念祖先鬼名。他们是黎族中记忆力最强、懂得诵念历史人物和迁徙地名的人，故群众对他们很尊重。
　　拜崩（娘母）。"拜崩"为黎族原有的神职人员，最初全为女性，后有男性且有越来越多趋势，称为"帕崩"。"拜崩"和"奥雅都"一起合作作的法事称为"佛茂"（一种凡见到不好的预兆之后禳邪的法事）。在举行仪式时一般都有分工，互不相混，各有所长。人们都比较尊重他们，一般不外传，有女儿的便传给女儿，没女儿的传给媳妇，如果媳妇不愿学，那只有任其失传。但法事不复杂，法具也不多，只要家里的妇女稍微专心便学会了。"拜崩"的法具有长衫、山鸡毛、头巾、弓箭以及作筊杯的铜板2枚。"拜崩"以查疾病作祖先鬼等法事为其特色；其次为招魂、求子、求福等。
　　三伯公、娘母、鬼老人三者都是非专业人员，都不脱离生产劳动，靠自己的生产劳动过活；就其道术而言，三伯公与娘母（拜崩）都是因病而为之，老人（奥雅都）则是深谙世故尤其熟谙祖先之名；就其使用的语言，三伯公用海南汉语"做鬼"，而娘母和老人则操黎语；就其使用法具，三伯公则绝大部分是用汉化法器，如道印、铁铃、驱鬼索、牛角、铃、筊杯、木偶、法衣、法帽等物，而娘母多用香炉、筊杯，做大鬼时穿民族服装（男娘母也穿女装），而老人的法具有山鸡毛一枚，红头巾一条及一些头饰，另有一把弓，一把尖刀，做鬼时穿民族服装（有些地文穿汉族长袍）；就其互相关系而言，娘母可与老人一起合作"佛茂"，而三伯公则多是单独举行；此外，在活动范围方面一般都有分工而互不相混，且各有擅长。
　　以上内容参见五指山市地方志编纂委员会《通什市志》，方志出版社2009年版，第794—798页。

从字面意义来看,"道公"确实与汉族道教存在一定的关系,这一神职人群是接受了道教文化影响的人。道教传入此地虽在20世纪20年代,但在此之前,黎族原有的信仰已受道教影响。从娘母、鬼公所穿的长衫,娘母"做鬼"时焚烧致祭和用笔或炭书写木牌等都是道教影响的痕迹。……道教不但没有排斥祖先崇拜,而且还和它结合。道教的特点:第一,用海南汉语方言念诵道经;第二,供奉"木牌";第三,祭品;第四,道具。①

不过,到目前为止,"岐黎②本身还没有道士,但有病时常常请红毛峒或汉族的道士,而红毛峒黎已受汉族很深的影响。据岐黎说赶鬼也是汉人传给他们的,但岐黎本身也举行一种赶鬼仪式。正如前述,把岐黎固有的习惯和汉族的习惯统一起来了。妇女是不能赶鬼的,特别是在有病时进行的赶鬼,由赶鬼先生(道士)决定是否有病魔?在哪里?然后向它献蛋、鸡或鱼,赶鬼是为了预防疾病的。他们认为如果不赶鬼,人就会病死"③。

历史上,黎族巫医较为盛行。黎族的巫医实际是巫与医二者融为一体的民间行医人,掌握一定的草药知识。巫医一般是以宗教仪式的形式,利用草药给病人治病。巫医被人们视为沟通阴阳两界的"使者"和"通话人"。当人们遇到伤痛疾病时,往往认为是鬼魂在作祟,是病人的灵魂被摄走所致,就会请巫医来祭鬼赶鬼治病。巫医为人治病,先通过黎族诊断法查明病因,接着采用占卜的形式,通过卦象来判断是什么鬼怪作祟而导致了疾病,然后献祭牲畜。④

"占卜"技术在很多民族的宗教活动中都占有很重要的作用,它之所以重要是因为其可以在人与神秘力量之间建立起联系,人们可以从中对某种神秘力量做出解读,这种解读在一定程度上可以稳定人们内心的平静秩序而不至于陷入不确定所造就的不安状态。在黎族社会中,占卜

---

① 广东省编辑组《中国少数民族社会历史调查资料丛刊》修订编辑委员会:《黎族社会历史调查》,民族出版社2009年版,第64页。
② 即"杞方言黎族"。
③ 中国科学院民族研究所编印:《海南岛民族志》,1964年版,第158页。
④ 五指山市地方志编纂委员会:《通什市志》,方志出版社2009年版,第756页。

技术①也十分发达，有许多种方法来完成这种人与鬼之间的沟通。

（二）原始宗教信仰的现代表现

杞方言黎族合亩制地区原始宗教信仰的核心是要在活人世界和祖宗世界之间建立起一道屏障，以免死去的祖先鬼来干扰活人世界。基于此种看法，以下说法至少对本地黎族是不适用的："'三月三'是黎族人民最隆重的传统节日，它是黎族民间悼念祖先，庆贺新生，赞美生活和歌颂英雄的传统节日。因在每年农历三月初三欢庆，故称'三月三'。"②事实上，本地区黎族群众对"三月三"活动基本不重视。他们对死去的祖宗尤避之不及，自然没有利用此次机会来"悼念"祖先的说法了。笔者倾向于认为，这个特殊的节日对别的黎族支系来说重要性比本地杞方言黎族要大。

随着时代的变迁，外来文化一定会对本土的文化事项产生影响，在宗教意识层面显然也不例外。这在整个海南岛黎族区域的文化变迁中是十分明显的，从比较微观的层次来看也是正确的。"汉族的鬼神信仰正是以周边地区向五指山腹地渗透的，"③在"合亩"制地区，杞方言黎族社会宗教信仰也受到了汉族宗教信仰的影响。汉文化通过哈方言黎族对本地杞方言黎族传统习惯产生影响。值得强调的是，本地关于死人和活人关系的传统意识是那么的顽强，乃至在改革开放政策实施之后的几十年后，它还在明显的影响着人们的社会生活。也正因为如此，笔者在该地区发现了外来文化与本土文化发生碰撞时出现的一些奇特现象。

1. 祖宗鬼与巫术

前面已经述及，南打村虽然也是传统的合亩制杞方言黎族村落，以往的原始宗教信仰和雅衷二村完全一致，但是因为它处在与哈方言黎族相邻的外围地区；受汉文化影响比较大的哈方言黎族文化在近些年也影响到了南打村，最重要的影响即丧葬文化方面。南打村在2000年左右开始仿效哈方言黎族给死去的人立碑建冢，并且在清明节等重要节日上

---

① 具体的占卜方法与技术请参见五指山市地方志编纂委员会《通什市志》，方志出版社2009年版，第794—798页。

② 五指山市地方志编纂委员会：《通什市志》，方志出版社2009年版，第707页。

③ 李露露：《热带雨林的开拓者——海南黎寨调查纪实》，云南人民出版社2003年版，第368页。

坟祭祀。包括雅袁二村在内的其他本地村落纷纷谴责该村，并把后者最近几年因各种原因导致的村民死亡人数的增加与其不遵守祖制、开始祭祖相联系起来，认为这是祖宗鬼来害人。

由于南打村的规模较大，人口基数也大，因此每年人口死亡现象也比一般村庄为多，从概率的角度来看这是十分正常的事情，但是在受传统意识影响较大的村民眼里，他们一致认为是搞清明节给自己带来了麻烦，这也更加坚定了南门等其他传统村落不去搞清明节祭祀的决心。

在今天的杞方言黎族合亩制地区，巫术等原始宗教意识仍然十分盛行。虽然南打村对传统有所改变，但是在原始宗教信仰方面和另外的两个村并没有不同。各个村庄都有一些会"搞平安"或者"做鬼"的人。在雅袁，南门和什守就有专门的从业者，前者为黄德来，后者为黄育民。普通村民也多多少少会使用一些简单的巫术，当出现小病小灾时，就会使用占卜方法来确定原因。比如当人们怀疑有些小鬼因为饥饿而来伤害亲人致人生病，他们就会使用石卜或泥卜的方法，即在绳子上挂一个泥丸，桌子上摆上多种食物（肉、皮、内脏等），一一询问，如果念到哪种食物的时候泥丸动了一下，就表示鬼想吃该种食物，然后把食物扔到地上了事。

在本地，只有鬼没有神，而且所有的鬼都是非常让人惧怕的。因此日常生活中法术的主要功能就是不让这些鬼接近自己，而非企求对方能给自己带来好处和庇护。在这方面，他们和其他民族的看法截然不同，仅以一例说明：有一年，南门村民黄文德去三亚游玩，在旅途中遇到一个非常相信佛的广西游客，整天把"阿弥陀佛"挂嘴上；这天专门到南山去拜观音菩萨，但是在一条很平整的马路上，他不小心跌了一跤；黄文德心中暗笑，其实"观音也是鬼，保护不了人的"。

如今，和传统时代一样，死人的名字绝对不能叫。如果在平日里喊了死者名字，死者的家人会很生气。人们相信如果喊了死者的名字，死者的灵魂就会回来害人，使人们生病。

有人可以例外，那就是专门从事原始宗教活动的人，在丧礼仪式上他们可以喊出死人的名字，并且带领死者家属一起喊。黄德来是南门村年龄和辈分最长的村民，村庄中道公的角色主要由他来承担，他能够把过去村庄中所有死去的祖宗的姓名都叫上来，这实际上是一种特殊的才能，并不是每一个人都能够做到这一点。

　　黄德来懂的法术据说是最强的，附近村庄甚至在乐东万冲哈方言黎族那里也身负盛名。如果对方还能走动的话，就直接到他家里接受服务，如果对方行动不方便就先带着病人的衣服和米来找他，或者直接把他接到家里去。求助黄德来的人有很多，尤其每年年底是他最忙碌的时候，可谓是门庭若市。在这段时间，很少能够在家见到黄德来。他在做法时所使用的咒语是海南话而不是黎族本土语言。

　　什守村的黄育民也是一个会做法术的厉害人物。但是与黄德来不同，他的法术是土生土长的本地传统，而且主要的施法对象是凶死鬼，使用的语言是黎语。他的法术本领是以前的长者传授给他，而非从外地传入。他在做法时重视使用红、黑二色，因为鬼怕血、狗（黑色），而白色是最容易招鬼的。施法时穿着黎族男人传统的包卵布①，用红布扎头并插上一根鸡毛。腰上也系上红带子，穿一件红色的衣服。需要找他施法的人，脖子的项圈上会因为每年做一次就挂一个铜钱而变得很笨重。

　　年轻一代由于多少接受了现代科学技术知识的普及，对一些传统社会没法理解的现象能够使用科学知识加以解释。然而，正因为传统的宗教意识太浓厚了，即便是对于这些受过现代教育的人们来说，有时候也不得不相信传统本土宗教信仰的内容。人们的思维方式已经比较固化了，而且在他们接受现代教育之前已经在内心固化下来，人们倾向于使用更加熟悉的那套传统解释逻辑去解释现实。对受教育水平较低的人们来说更是如此。

　　黎族群众不论男女老少、也不论是否上过现代学校，由于特殊的带有民族特征的思维逻辑，人们普遍相信神秘力量的存在，因而对搞平安活动的效果并没有十足的怀疑。甚至我们听说在一些乡村医院里遇到疑难病症也会要求病人回家搞平安来解决，颇有一种类似死马当作活马医的意思，这不能不说是一件滑稽的事情。

　　随着时代与科技的进步，该地黎族群众对现代医学与黎族传统巫术之间的关系有了"与时俱进"的解释，在他们的话语体系中本来相互

---

① 用前后两片布制成的简单短裤。

矛盾的两种逻辑成了并行不悖且相互配合的技术了。每当遇到疾病灾害时，人们会首先施加巫术来查找病源，如果查不出是鬼作恶，人们就认定问题出在身体上，就需要去医院看病了；如果真是和鬼有关，那么医生就是"打针都打不进去"。

　　2012年底某天，南门村黄进宝为了接待来看望他妻子的客人，摆了将近7桌酒席。村里的媳妇都要去陪酒，从中午一直喝到了晚上8点才结束。最后当客人准备离开时，本村妇女们纷纷送他们到村口。她们一些人拿着菜一些人拿着酒挨个"搞酒杯"①，一轮接一轮，因而都喝多了。其中有一人就开始肚子疼，大家把她送到了毛道乡卫生院。但是在卫生院打了吊瓶之后也没见好转。就打了120将其送到了五指山市医院治疗。经过医院检查，才知道其实就是酒喝多了。

　　在她被送往医院的同时，其他人也没有闲着。她的公公与黄德来在家为她做了平安，举行了问鬼仪式。他先是拿筷子悬挂泥块，问是不是遇到鬼了、是不是酒喝多伤身体了、是不是明天回来等。他确认不是遇到鬼，不过是喝酒伤了，并且知道第二天就要回来。不过为了确保安全，他还是在鸡蛋壳里面放了清水和米粒，用刀背敲地，做法让那些鬼②来吃，并请不要去打扰儿媳妇。黄德来则用一碗米，拿点着的香在上面画圈，也没有发现异常情况。同时，为了防止是她自己的祖宗鬼使坏，就让本村的另外两个年轻人带着一点米到娘家红运村找人作法。

　　2. 无所不在的"鬼"

　　对于鬼魂是否存在的问题，年纪稍长的村民毫不犹豫的表示肯定，他们甚至表示曾经听到了灵魂在互相喊叫，就像在集体化时期生产队队长喊社员出去干工一样；而年轻人可能会先是否定，"没有鬼，有的话也是那些革命先烈的灵魂"，但是随着话题的深入，又很少没有人敢十分肯定的表示世界上没有鬼魂。

　　南门村年轻村民黄明纠谈道：有一年除夕，白天从万冲喝醉酒回来时感觉撞见了鬼，不过并没有见到鬼的确切样子，喝醉酒之后经常碰到这样的事情。如果是凶鬼，就会感觉到有人来拉你的脚后跟，这种感觉

---

① 敬酒。
② 包括祖宗鬼和山鬼，特别是野鬼和小鬼。

听他说起来是很真实的而不是幻觉。如果发生了这种事情，就要请人来作法术搞平安仪式。另一个村民阿瑞也碰到过这种情况，在请人搞过平安仪式之后一个月才好。他们对是否有鬼的存在既表示怀疑又不完全否定。他们给笔者提供了一个又一个例子，用以证明应该存在着鬼魂一样的东西：新村有两个堂兄弟都是残疾人，一个只能在地上爬，一个必须拄个拐杖才能走路，这是因为他们没有按照自己民族传统对待自己死去的亲人，而是在他们死后立了碑，从而吸引了祖宗鬼前来滋扰活人，家庭的不平安就因此而起。

在笔者驻村时，村民黄陈转和其媳妇一起去了万冲的堂兄弟家①，把堂弟堂妹接回来做客。路上妻子感觉不舒服，呈现了发烧的症状，家人怀疑是撞见了鬼。第二天早上，她的婆婆带着一碗米去找黄德来，让他看看是什么原因。随后黄德来给她做平安，说是撞上了太阳鬼。村民以此为例，建议笔者在驻村期间不要随意外出，以免撞见鬼。不过听他们的叙说，似乎这一类事情都是很常见的，并没有什么惊慌失措的感觉。他们认为这一类鬼并不是凶鬼，只是因为过年没有东西吃才来作弄人的，做完平安给点吃的就会好了。

村民黄国生和黄春在和笔者聊天的时候也说到鬼的事情。他们说在毛道水电站那边曾经有人在橡胶园里看到有几条新鲜的鱼在林子里面跳，但是旁边并没有看到什么人，人们怀疑是看不见的精灵把鱼抓上去的。黄国生还认为存在着山鬼，有1米左右高，要是打到它的话自己也要痛。

春节期间，笔者到另一个南门村民黄国平家拜年。看到他家房子的所有门上都贴上了对联，甚至在鸡窝上、蜂箱上全都贴上了小对联。在以前本地并没有用对联来避邪的做法，是他琼中的女儿女婿搞的。他说黎族人相信有鬼，人死后确有灵魂。不过三年之内他们还会常常回来的。最直接的证据表现为近两三年内人们会经常梦到他们，黄进宝队长就十分肯定地告诉笔者"父亲回来过，因为我好几次梦见父亲"，在晚上十点以后还会听到拿碗的声音。但是一般三年之后就不会再梦到了。一旦梦到死去的人，就需要搞平安仪式了。

---

① 他的奶奶年轻时改嫁到了万冲。

死去的人如果没有找到自己的祖先或者祖先不接受他，他就会回到家里。一旦找到了他自己应该去的地方，他就不会回来了，这个过程需要三年左右的时间①。如果他回来了不给他东西吃，他就会让人肚子疼、头疼、吃不下一点东西。（"就像孙悟空变成小虫跑到别人肚子里面一样"。）这时候做平安的人会通过仪式弄一些饭菜，扔到门口，并对鬼说"给你吃的，不要跟着我了"，十分钟不到人们就完全正常，可以喝酒吃饭了。

村庄里几乎每个家庭都有一些关于鬼的故事，有些还是自己亲身"经历"过的。村民梁敬英就提到了一些"撞邪"的事情。她说有一次去毛道接孩子，明明是在平地，却好像到了很高很陡似的地方一样，需要人去拉她，在请当地懂鬼的人做平安后才恢复正常。另一个村民黄进全有一次在外地卖了金瓜之后，别人发现他蹲在波罗蜜树底下哭，他自己也不知道是为什么。村民们普遍认为，如果喝酒之后想哭、打人，就会被认为是中邪、鬼上身了。

20世纪60年代，该地区曾经在3月至7月之间一直没有下雨。村民说是因为有山鬼作祟的原因。他们认为在村子右对面山顶上的那块大石头，就是山鬼。当时村民请人去作了法。现在这个山头还是保留着原来的样子，四周则已经种满了橡胶树，但是人们从不敢把这块石头旁边的土地开垦出来。另外一个人们传说的山鬼的例子：曾经有一个人在这座山上碰到了一片甘蔗地，吃了甘蔗之后就生病了，事实上那里并没有甘蔗地，人们因此断定这个地方有山鬼。

应该说，黎族群众的宗教思维比较简单，处于比较浅显的或者说是万物有灵的阶段，还没有上升到真正的宗教层次。因为真正的宗教必须具备一些比较成熟的制度和较为固定的信仰之物。而黎族群众的这种信仰比较随意，没有比较明确的关于神灵世界的较高层次的总结。不过，即便如此，这些特殊的宗教信仰形式深深地影响了他们的生活和人生。

3. 丧葬仪式

人们对逝者与生者关系的看法基本上还是传统的，有十分明显的历史痕迹。按照文献记载，早在20世纪50年代以后，随着巨大的社会变

---

① 笔者认为，实际上这和一个正常人对某一事物的记忆周期而已。

迁的到来，合亩制地区传统的丧葬仪式已经在开始发生变化了。"在1957年'合亩制'地区进行社会主义改造以来，诸多的古老形式随着时间的推移和社会的变化，也日渐演变，展现出新的趋势。"① 具体而言主要包括以下两个方面。

其一，办理丧葬的仪礼从烦琐走向简化。如出殡时引路的"奥雅"不再作原来的装束；在埋葬死者时也只在头上缠一条红巾，而不再穿红衣；守孝，以前根据不同的辈分期限有长有短，现在一般都是5天，第5天洗澡脱孝服。这些都体现了去繁化简的变化。

其二，迷信的成分有所减少。原来用木棺埋葬死者，必须杀牲宰猪，1949年后禁止乱杀牛，于是逐渐以宰猪为主；人们吊唁死者时，并非一律送黑布，而有的送蓝布，也有的送灰布；进行停尸仪式时不再设祭灵席了；埋葬死者后，死者的衣物用具并非全部都置放在墓上，现在一般是死者尚未穿过的衣服或贵重物件，家人都留用。

尽管如此，本地在丧葬仪式方面比较核心的传统还是一直延续和保存了下来。按照笔者的观察，在本地葬礼实际上是有两个阶段或者由两个独立的仪式构成的。一个是死时的告别仪式，这个阶段是悲伤的；另一个是间隔较长时间的仪式，黎族人自己称作是告别悲伤的仪式，即搞"欢乐酒"。本书将以黄进宝父亲去世时所举行的仪式的描述作为研究资料。

黄父是2011年12月23日（农历十一月二十九日）晚上十点多钟去世的。之前曾经送往毛道乡卫生院抢救，但是没有成功。凌晨四点钟，打了三次枪②。人们只有在打枪之后才能够哭，之前是不许哭的。哭的人主要是女儿和媳妇。大家听到枪响之后就知道有人去世了。打枪的意义除了报丧之外还告诉同村村民不要做饭。因为这一天整个村里的人都不能做米饭吃，凡是蒸熟的也都不能吃。只能煮番薯和木薯，或者是方便面。在之后的当月里，不能吃竹笋、糯米、鸡、香蕉，否则眼睛会瞎，到了初一就可以吃了，不过在这一天还是要搞平安仪式才行。

---

① 陈立浩、陈兰、陈小蓓：《从原始时代走向现代文明——黎族"合亩制"地区的变迁历程》，南方出版社、海南出版社2008年版，第99页。
② 因为政府不允许存有枪支，现在多使用烟花弹。

接着，男人们就到坟地里去挖坑，南门村现在的仪式比较简单了，在番阳那边还有专门的道公来念鬼话。之后在死者的嘴里塞上普通的大米饭，用草席包裹着，换了一身衣服①，由长子和次子抬着到达墓穴②。后面跟着很多人，有一部分人是挖完墓穴之后回来的。在墓穴处则一直有人守着防止蛇和老鼠等动物进去。

在送死者去往墓地的路上会有一些仪式伴随，这些仪式主要的目的是断绝死者与生者的联系，并希望死者不要来干扰活人的生活。仪式的主持者由黄德来承担。仪式最后他会在旁边指导，教给死者长子黄进东一些话，大意是从此不要来害家人。只有在这个时候人们才可以听到祖宗等死者的名字。随后还要在路上放上一些树枝和树叶，表示阻断了其回家的路。

将逝者埋了之后就回家杀猪准备喝酒聚会。在办丧事的三四天内死者家里是不能吃糯米饭的。如果死去的是女人，就要和女方娘家商量到底由谁来抬尸体，或者是外甥来抬，或者由儿子来抬。南门村有专门的埋死者的地方，就在新旧两村之间的木棉树那里。

将死者埋葬之后的第二天早上4点钟左右，村中的一个妇女（父母双全，孩子没有死过的女人）被要求去做饭。这天晚上其他的亲人都在这里过夜，女亲戚和男亲戚各住一屋。早上吃完饭之后，除女婿之外的所有人都要参加洗头仪式。女婿参加埋葬礼的当天晚上就要回家，并于第二天送猪和酒来。据记录，姑丈、妹夫们共送来了两头牛和18头猪，另死者家自己还买了两头牛。

洗头仪式也有规矩，女人这边是从大女儿开始，先将一把糯米稻草烧成灰放在腰篓里，然后依次往里倒水洗头，接着就洗澡洗被席。被席洗好了之后只能晒一次太阳。男人这边类似，先从大儿子开始。逝者的妻子也要参加此仪式，但是要由一个同样死了丈夫的女人陪同。在吃饭时寡妇（包括新逝者的妻子）们要在一起吃饭。如果女性去世了，男

---

① 村民说：要求黑色衣服并且不能带任何金属，即便有自带的扣子也要把它拿掉，衣服和裤子都要从左边开始穿，如果不这么做厉害的就要死掉12个人。

② 用棍子抬，且一路上不能换肩膀，累了可以让别人来扶一下。如果在葬礼上不遵守祖先的规矩，村里接下来会死很多人的，一般认为会死7个人，如果第7个是女人的话，还要再死第8个。

人也履行同样的仪式。

这一系列仪式的举行仅限于出生后大于七天①的人，因此如果有婴儿出生七天以后夭折，也会为他举行仪式。村民解释，在婴儿出生七天之后，已经请接生婆来喝过酒了，因而他就已经具有了人的资格，从而具有了作为社会人的属性。如果在这之后去世，也会按照成人去世的方式来给他办隆重的丧礼。如果还不到七天就死去了，就很简单地在自己村里办。出生当天就死的则不办丧事。

黄父的丧事办了四天，奔丧的人坐下来有60多桌，整个村子都坐满了客人。丧事办完后，女儿们不想回家，本村就每5个女人一组把她们送回家去，并告诉姐夫让他多照顾妻子。从死者去世之日开始，到下一个仪式（即"欢乐酒"）之前，一直是悲伤期，任何人都是不能娱乐和唱歌的。虽然结婚等喜事不被禁止；但是在这些喜事上是绝对禁止唱歌跳舞的。

男人去世了在本村办丧事，如果是女人去世就更麻烦一些。如果是后者，在娘家和本村都要办酒，但是并不要求同一个人两边都要去吊唁，要看自己与哪边的关系更近而决定去哪里参加仪式。在办丧事时，如果外甥提出抬棺要求也必须满足他。虽然在娘家也要办酒，但是要按照男方村落的传统来办。② 比如，黄国平嫁到南打村的妹妹去世了，就要按照南打村的习惯来弄，而不能按照南门村的习惯来弄。南打村多年前就改变了传统的黎族习惯，采用了给死人立碑、过清明节的办法。③这样，在南门村办丧事的时候就不会举行使用稻草灰来洗头的仪式④，否则就会有灾难。

如前所述，在本地杞方言黎族村落中原本就没有祭祀祖先的传统和

---

① 不过什守村村民黄明荣说时间为30天，这个时间节点也是合理的，因为要办满月酒。这事实上也是一种社会关系的确立时间点。

② 这种要求是新发展出来的。在传统的通婚村落中，各种仪式在各村落间的差别不大，因而没有必要做特殊的要求。但是在2000年以后，由于一些传统的杞方言黎族村落开始接受汉族的丧葬仪式，从而出现仪式在不同杞方言黎族村落之间有所差异。比如在包括南打村在内的外围地区现在开始实行祖先祭拜（过清明节），而毛道各村还固守传统仪式，于是就出现了本文提到的此类仪礼要求。

③ 而"南门村就像埋死猪一样埋死人"（村民语）。

④ 南门村认为"稻草灰是用来防鬼的"，但是南打村现在树碑的意思是把死人当成祖先、好鬼来看待。

做法，南门村也一样，对待死者就像对待死去的牲口一样。不过村民同时也提到，如果一定需要祭祖①的话，也不能自己搞，不然就会倒霉的，必须有专门的人来做。

老人去世的这天被当作所在家族的忌日，每月的这一天是不能插田、不能拔苗的，不能种任何东西，只有到第三年通过移植芭蕉苗的方式来破忌日之说。如果芭蕉苗没有种活，就还要再等几年才能破除这种禁忌。这和文献资料上的记载十分吻合。

在埋葬死者以后，家人就要开始准备年底的"欢乐酒"了。从人死后直到办"欢乐酒"这段时间，整个村庄都处在一个"悲伤期"。喝了"欢乐酒"之后，人们就可以开始一些娱乐活动了。按照惯例，选择"欢乐酒"的日期有规定，即必须在十二月初一到十五之间办。在南门村，如果有人在十二月底去世了，可以在自己村里小规模地办，不搞大的聚餐，"欢喜酒"则在正月十五之前举办。黄父去世是在阳历的 2011 年 12 月 23 日（农历十一月二十九日），2012 年 1 月 8 日（农历十二月十五日）是"悲伤期"的最后一天。

2012 年 1 月 7 日（农历十二月十四日）晚上，在死者儿子黄进宝兄弟三人家门前的空地上，村民们已经开始张罗布置场地了，因为明天就要给其父亲办"欢乐酒"了。第二天一大早，村中的一些年轻男人就外出到毛道村，将头天已经联系好的一头牛买回来运至小溪边宰杀。宰杀牛和猪采用的是传统的火烧方式。人们一边将牛和猪放在火上烧，一边拿香蕉树叶的梗子或锄头给火中的猪牛煺毛。这个工作完成之后，开膛破肚处理其内脏。这个过程持续两小时左右，之后把处理好的猪牛肉和下水带回村子。

帮忙宰杀猪牛的人任务完成后，回到黄进宝家，这时候米饭已经煮好了，在门前临时搭建的一个简易灶上已经架上了两个大锅，人们把牛头肉和部分牛百叶切了下锅煮。

3 点钟左右，吃完中饭之后，逝者的儿子、儿媳妇们以及随后要给姐妹们"舀酒"的妇女，前往村边的小溪洗澡洗头。村民们认为这意

---

① 笔者前面已经提到，这实际上并不是出于对祖宗的尊重和思念，而是要通过各种仪式来隔断双方的联系而已。

味着洗去亲人去世之后的悲伤和不幸。这和逝者刚去世时村民们的洗澡洗头形成了一个对应，不同之处在于前者人数不是很多而且参与者主要是至亲，其他人在家里洗甚至可以不洗；而后者则是全村人都要做。在小溪洗头的程序前后两次都差不多，烧一把糯米稻草至灰装在竹篓里，然后用它舀水冲头，边洗边说"平平安安""新年快乐"之类的吉祥话，最后再用洗发水洗干净。之所以要用糯米稻草灰洗头是要让鬼害怕，不会来害自己。随后洗身体。

下午 4 点钟之后，逝者家里外嫁的亲姐妹以及女婿姑丈陆续回来，都提着一个装酒的壶和装米的袋子。大女儿更是带了糯米饼，在接着的"舀酒"仪式上分给大家吃，二女儿和三女儿带的是饼干以替代糯米饼，饼干在"欢喜酒"喝完之后才分发到村庄中已经成家的每户。他们是洗完澡和头之后才从家里赶回来的。今晚就住在父兄家。

大概在五六点钟，开始举行"舀酒"仪式，在逝者生前生活过的房子的堂屋（小儿子的屋子里）摆上一个类似门板的长方形木板，在木板的一边是大女儿带来的糯米饼；另一边是一缸新做的糯米酒，板上还有一个装着小鱼的碗。仪式上使用的糯米酒是头天晚上刚酿的，基本上没有酒味，它在办完仪式之后是不能煮的，否则会不平安，因此直接喂猪吃。从大儿子开始，上次在这里哭过的人都要分一杯酒和一条鱼，糍粑则是参加"欢乐酒"的每个人都要吃的，意思就是吃了之后就会平安与自由。在仪式将要结束时，收尾的那个人除了喝酒和吃糍粑外，盛鱼的碗里的汤必须一次喝完。最后在屋里摆上饭桌吃饭。在这里吃饭的主要是女宾，以逝者家的姐妹们为主。

在洗头和"舀酒"仪式进行的时候，死者妻子一直没有出现，有意回避这个过程，有人看到她跑到橡胶林里去了，在仪式结束的时候再回家来。①

仪式举行完后，"欢乐酒"宴会正式开始。村中辈分最大的老人黄德来首先唱了一首黎族歌，之后大家就可以随心所欲唱歌跳舞了，唱的或是黎族歌曲，或是流行歌曲。酒席上觥筹交错，边喝酒边唱歌，一直持续到凌晨。空地上的灯一直亮到天亮。在喝酒的同时，村里的妇女

---

① 笔者认为，这应该与传统时期的"夫死即归家"有关系。

们开始包一种鞋型的平安饼，用米粉加水和成团，再压成扁长条形，就像鞋子一样，然后用芭蕉叶把它包起来煮，第二天姐妹们离开时每人分发一个或者两个，寓意大家今后的生活会像穿着这样的鞋子走路一样平平安安。第二天上午还要继续喝酒欢乐，中午之后，人们才纷纷离开。

办丧事期间的东西是不能剩下的，如果到喝"欢乐酒"时还没有把之前剩下的东西吃完，就要把它们扔掉。

在办丧事和喝欢喜酒的习俗上，南打村和南门村原来是差不多的。但是目前南打村的欢喜酒仪式改在当月就可以举行，而不用等到当年的12月了。笔者认为这和村庄自身的规模有关系，在以前的传统村落中，人口的数量规模很小，因此每年死去的人也不会很多，所谓悲伤的机会是不多的。但是随着人口规模的扩大，死亡现象也增加了，如果仍然维持祖制的话，村民基本上就没有娱乐和快乐的时候了。可见社会制度仪式与具体的社会实际状况存在密切联系，这也在一定程度上说明了社会结构对社会制度的决定性作用。

二 社会生活

（一）传统村庄社会生活

1. 居住格局

本地黎族村庄绝大部分都属于小型村落，这与该地处于五指山深处因而耕地较为稀少、土地资源难以承载大型村落有关。村落主要由同姓聚族而居，有"同村又同亲"的观念。传统黎村选址位置视地形、地势而定，没有特别的规律与讲究。山区的村落一般建造在山脚下，有利于防台风袭击，居民多饮山泉水。其平面布局也比较随意，住宅间距疏密不均，布局很不规则。由于家庭是传统的父系家庭，子女成家后便自立门户，因而村内常见到一幢幢较新的小茅屋，这是分家出去的儿子的新家。

还有一种比较特殊的居住设置，即隆闺。按照习惯，儿女长到了十三四岁时，家长就为他们在外面建一间小房子居住。这种小房子黎语叫"隆闺"，意为"不设灶的小屋"。室内只设床铺，只开一个小门。隆闺有大小之分，大的可住三五人以上，小的只住一两人。"隆闺"内不设火灶，专用于学习、睡觉、玩乐。"隆闺"是黎族青年男女对歌、交往、寻找意中人的婚恋场所。

20世纪70年代后，民房改造政策加快实施，黎族村落的规划、布局、卫生条件、住宅质量等都有较大的改善。至2000年，通什市黎族村落大部分的黎族群众已建成砖木结构的瓦房、钢筋水泥结构的平顶房，有的农户还建起了钢筋水泥结构的楼房等。[①]

由于经济和文化条件比较落后，本地历史上主要采用就地取材的方式来解决自己的住房问题。人们主要使用茅草和竹子来搭建自己的住房。我们在前文中已经提到，由于村庄规模的扩大，需要建造的房屋也在增加，自然环境所能提供的茅草也是有限的。因此村庄中自动形成了一种惯例以避免因为茅草不够而造成的困扰，即同一个村庄同一年不允许有太多人建造房子[②]。

2. 饮食习惯

本地群众的主食为米饭，大米是主粮。该地区日照时间长，天气炎热，人们习惯早上就煮好了一天吃的稀饭。米饭煮熟后冲进凉水，调成稀饭。人们常以米汤当水饮用。

人们不论男女老少都有嗜酒习惯，没有饮茶的习惯，甚至可以说不知茶为何物。酒是人们生活中不可缺少的饮品，节日、嫁娶、丧葬、入新屋、生育、社交和举行各种宗教活动等，都要摆席设宴饮酒。平时迎宾会客也是以酒相待。黎族人热情好客，敬酒对歌常通宵达旦，形成了自己独特的酒文化。村庄平时少不了米酒，就是在不富裕的集体化时期也是如此。那时主要用来酿制米酒的是不算产量的山栏稻，1986年以后国家就不允许砍山种山栏稻了[③]。

男人大都吸烟，村民们主要吸水烟筒，烟叶多是自种于房前屋后或河边冲积地的烟草。人们把烟草晒干，切成烟丝，用竹制水烟筒吸食。如今人们很少自己种植烟叶，大多数人直接从市场上购置卷烟，只有一些老年人或者由于习惯或者由于经济上的考虑而继续抽水烟筒，不过即便如此，他们也从商店或者从万冲集市上买产自大陆广西的烟丝。传统

[①] 五指山市地方志编纂委员会：《通什市志》，方志出版社2009年版，第214页。
[②] 同上。
[③] 笔者翻看《五指山的统计年鉴》，山栏稻直到2000年还有较大面积的种植。

的水烟筒是竹制的，携带并不方便。人们一般会把自己使用的水烟筒竖放在门口，因此村民们并不随身带着水烟筒四处走动，他们随时可以借用别人的水烟筒使用。即便是山上路边，也会经常发现水烟筒。村民们只要带着烟丝和火柴就可以了，不愁没法吸烟。现在人们会使用更加简易的水烟筒制作方法，即将塑料矿泉水瓶子来代替竹子。

嚼槟榔是本地黎族群众比较普遍的习俗。汉族地区朋友见面互递香烟表示友好，在这里则主要通过请对方嚼槟榔来表达。实际上，槟榔是黎族社会很重要的吉祥物，因而也是各种场合的礼物，尤其在婚姻过程中，槟榔被当作一种媒介而使用。

黎族制作菜肴时习惯把肉和蔬菜一起煮，或者把几种菜混合煮。其肉食很有特色，一般是用火烤或用清水煮。对于山鼠、青蛙、鸟类、田蟹、小鱼等多用火烤熟，对于猪、牛、羊、鸡、鸭等则先用火烧去毛，清洗干净后切成小块用清水煮食。小辣椒是平时餐桌上的佐料，很多黎族村庄旁常种上几棵小米椒。黎族的饮食口味清淡，很少制作炒炸食物，清水煮食是其一大特色。

本地区传统的灶具为三角灶，又称为品字灶，由三块石头垒成。三块石头分"座"石和"走"石。"座"石是一块扁形的长石，石脚埋入地下三分之一，不可随意移动，这块石头又叫"灶魂石"。"走"石是两块平底的石头，可以按锅的大小随意移动，"合亩制"地区和居住山区的黎族把三角灶设在船形干栏房屋内，火灶旁边放着吹火用的竹筒。

3. 婚姻缔结与解除

（1）婚姻形式

传统杞方言黎族社会存在着"不落夫家"的婚姻习俗。即妇女在结婚后，不是马上就回到男方家落户，而是回到娘家居住一两年或更长时间，丈夫在农忙或有重要事时才来接妻子回去帮忙。直到妇女怀孕时才回到男方家，组建真正的新家庭。妇女在"不落夫家"期间，享有自由交往的权利，她可以和别的男子进行社会交往，不受社会的谴责和耻笑。

"不落夫家"习俗在合亩制地区还有另一种意义。该地区遗存母系社会的遗风，女子具有很高的地位。如果丈夫死了，其妻子不能继承家庭财产，只分享当年的口粮，丈夫入土过完丧期后，娘家兄弟便把她接回去，因为她是娘家氏族里的人，娘家兄弟有义务照顾她，扶养她。倘若是年轻寡妇，则可以在娘家重新出嫁。如果寡妇年迈，她的儿子已成家育子，希望留住她，则娘家也不会勉强，但寡妇可以随时回娘家探望，会受到娘家人的热情款待和挽留。

20世纪50年代的社会调查显示，当时毛道乡只有个别家庭是一夫多妻的，一般原因是原配无子。丈夫娶第二个妻子，必须征得原配妻子的同意。当迎娶之日，新旧两个妻子之兄弟均来参加婚礼，一起喝酒，并各自劝诫本人的姐妹，以后在家中要和睦相处，不要嫉妒和吵骂。[①]

在婚配方面，包括南门村在内的雅袁六村与毛道基本一致。1949年前，雅袁黎族的婚姻基本上是一夫一妻制，也有个别娶妾的。如南门村王老麻因妻子不育，便娶了毛道乡文团村的一妇女为妾。王老论（曾任甲长）以权势谋害了同村王老曰，并夺其妻为妾。[②]

在传统黎族村落中的各个合亩内，他们所收养的龙仔与合亩的其他成员之间，因原来属不同祖先、不存在血缘关系，因而可以在合亩内婚嫁。但是，如果龙仔已举行过"做鬼"的宗教仪式，认了该合亩的祖先作为自己的祖先后，便不能和"合亩"内以及与该"合亩"有血缘近亲关系的人通婚了。[③]

（2）恋爱习俗："玩隆闺"

当男孩和女孩长到十三四岁时就不能在父母屋内居住，要搬到"隆闺"居住。年轻男女之间的交往被称作"玩隆闺"，不同血缘的男女青年可以在"隆闺"内对歌、谈心、弹奏乐器，通过一段时间的交往，彼此确定意中人。每到傍晚，小伙子就精心打扮，拿着鼻箫、洞箫和口弓，结伴到另一个村庄的女"隆闺"前吹奏鼻箫、洞箫和弹口弓，与姑娘们对唱歌谣。

"玩隆闺"的恋爱活动，大致经过半年至两三年时间，情投意合后各自向父母亲提出成婚意愿，如果父母同意，男子便会让家人到女方家

[①] 广东省编辑组：《中国少数民族社会历史调查资料丛刊》修订编辑委员会：《黎族社会历史调查》，民族出版社2009年版，第48页。

[②] 同上书，第115页。

[③] 同上书，第48页。

说亲，进入谈婚论嫁的阶段。如果双方不满意就分手，彼此互不干涉。

（3）结婚和离婚

该地区人们对婚姻事务向来采取较为自由的态度，婚姻关系的缔结与解除都是十分正常的事情。婚姻关系的建立一般要经过一个比较长时间的复杂仪式链才能完成。传统的黎族婚姻仪式过程主要包括以下步骤：说亲，定亲，接亲，迎亲，逗娘，对歌，送亲，收席，回门，请妻。整个婚姻仪式的过程实际上就是不同村落尤其是通婚村落之间的交往过程。

至于婚姻关系的解除过程的完成主要以习惯法为准。主要有两种形式。

第一种，男女双方协议提出解除夫妻关系。然后各自向父母报告，男家请来村中有威信的"奥雅"主持离婚仪式。男方家要杀猪摆酒，男女方的亲属代表对面就座，并请村里乡亲参加。在宴席中，男女双方申明离婚的理由，双方父母表明态度，众亲评议，如果一致同意离婚，就举行离婚仪式：在酒桌上放三个碗，一个碗盛满酒，两个是空碗，并用一块黑布铺盖碗口，离婚者相对就座。"奥雅"把黑布从中间撕开分成两块，离婚的男女各取一块，作为脱离关系的凭据，然后"奥雅"端起盛满酒的碗把酒倒入两个空碗中，离婚双方把半碗酒饮下，俗称"喝半碗分手酒"。"奥雅"根据离婚时家庭财产情况，当众公布各方所得的财物。女方财产由娘家兄弟挑回去。

第二种，离婚当事人，一方要求离婚，另一方不同意离婚，经过"奥雅"和双方父母调解无效后，则由当事人自己处理。如果是女方提出离婚，必须退还男家结婚时的彩礼，不请酒，仅撕黑布；如果是男方提出离婚，女家不退还彩礼。

男女双方离婚后子女一般留在男方家。婴儿则由女方哺育，男方家给一定数量的养育费，长大后要送回男方家，或者按照孩子的意愿，自由选择跟父或跟母生活。如果女方离婚时坚决要求带一个孩子走，则由男方家的"奥雅"和女方代表商议裁决，同意时女方要付一定的费用，但随母的小孩不能改换姓氏，否则男方家会出面干涉。

（4）生育

黎族人把生男育女视作家庭的大事。妇女怀孕期间，丈夫不得打骂妻子，外人也不能辱骂孕妇，更不能说一些对孕妇不吉利的话。在合亩制地区，家里有孕妇时，丈夫不能在家中安装刀把、锄柄和犁耙，不能在火灶里烧铁器，也不能把柴尾当成柴头放进灶中烧。孕妇禁忌吃蛇肉和猴子肉，平时也不能在孕妇面前说些猴子之类的话，生怕孩子生出来之后会像猴子或是皮肤像蛇皮一样。孕妇不能跨过动物的尸体，不能到丧家中去。平时，孕妇和常人一样参与生产劳动，在分娩前才停止参加干粗重活儿，只干一些力所能及的轻松活。哪一家妇女生小孩，就要在家门口挂树叶，生育男孩则挂带刺的红藤叶；女孩则挂露兜叶。挂树叶目的在于禁止外人进入家中，而且认为带刺的树叶有驱邪的作用。

小孩出生到满月时，婴儿父母和家中长辈共同商议给小孩取"乳名"，通常是根据孩子出生时的特征及出生日子，或是小孩出生期间家中或村内发生具有象征性的事件来取名。小孩的命名要举行仪式，要宰猪杀鸡祭先祖，同时还要设酒宴请亲属朋友。在家中，小孩设有自己专用的席位，席上摆一碗干饭、一个鸡腿、一把尖刀、一块银圆或银币等。"奥雅"命名的小孩戴上串着铜钱的项圈，手脚上系着蓝红青三色的"平安线"，然后，小孩父母带着他到专设的席位就座，当众叫喊小孩的新名字，并让小孩自己拿席上的物品。当小孩拿起饭碗时，意味着小孩将来有吃且长寿；拿起尖刀，意味着小孩以后会成为英雄；拿起银圆，是将来要发财象征；拿起鸡腿，以后是个走四方的人物。前来参加命名仪式的亲戚朋友，都要在小孩的席位上放"红包"或是一些礼物，表示祝贺。[①]

(5) 家庭生活

在传统"合亩制"地区，家庭的建立并不是从结婚之日开始的，因为这里有"不落夫家"的习俗，新娘在履行了结婚仪式后即回娘家居住，在此期间，夫妻双方仍各自跟着自己的父母生活，待妻子怀孕生子后才回夫家定居，正式建立家庭。

妻子落夫家，建立小家庭，并不意味着成为独立的生产和消费单位，这是因为家庭刚建立，生产资料以及一些日常生活必需用品，如锅、碗、瓢、盆等尚未具备，需逐年逐件准备。在这期间，夫妻俩还须

[①] 五指山市地方志编纂委员会：《通什市志》，方志出版社2009年版，第921页。

与父母同耕共灶，少则一年，多则三五年，待条件成熟后才分出去。有的人虽然具备了分家的条件，但弟弟尚小，未结婚成家，也不会分家，而是与父母分住不分灶，待弟弟成家后才分出去。分家时，父母把一些财产，如粮食、田地、牛、猪、鸡、果树以及日常生活必需品分给他们，以便使其能够进行独立的生产和生活。至此，一个完整的、真正的小家庭正式产生。

本地区历史上的家庭结构，虽然以父子为中心，但也残留着若干母系氏族社会的痕迹。若妻子患重病时，一般都送回娘家，尽可能使她不在夫家病逝。如果妻子患急病来不及送回娘家而死于夫家后，要将其尸体抬回娘家，埋葬在娘家祖先的公墓地里。如果夫家离娘家的路程太远，尸体无法送回娘家时，也得由其娘家的亲属到夫家主持葬礼。而且，死者的遗物必须送回娘家，由其兄弟继承。丈夫死后，寡妇返回娘家再嫁或终老，原来的家庭随即解体。在一般情况下，子女多留给夫家的亲属抚养，必须随母之幼儿才带回娘家，幼儿长大后，可回到父亲的氏族。她们没有在夫家守寡、养育儿女的习俗，也很少有儿子赡养老母亲的，但侄儿赡养老姑妈，则是普遍的。女子出嫁后和娘家保持密切的联系。患病"做鬼"，即请娘家"鬼公"来祭祀本氏族祖先的鬼魂；死后，不仅要埋在娘家的墓地上，其侄儿及其后代还要把其作为本氏族的祖先鬼加以对待。[①]

1949年前，丈夫是一家之主，享有管理家庭经济和其他事务的决定权。妻子处于从属地位，负责管理家庭事务。夫妻共同参加劳动，在处理家庭事务中，特别是在处理重大问题上，如田地、牛只的买卖，子女的婚姻等都要由双方商量决定。父母与子女间有相互供养的义务，有"父养大，儿养老"的传统。

在同一合亩的近亲的家庭成员，除了共同劳动外，还在生活上互相帮助。对合亩内一些血缘关系较疏的家庭和同族的其他合亩成员，只要对方求助，被求者亦必竭力相助；对外地迁来户或外乡姻亲等，只作一

[①] 应该说这是合亩制地区黎族十分特殊的一种丧葬风俗，在其他的黎族支系中不存在这种风俗。至少在美孚黎中不存在。如在美孚黎，"结了婚的女人，无论是否有孩子，死后都要葬在夫家的墓地。"参见［日］冈田谦、尾高邦雄《黎族三峒调查》，金山等译，民族出版社2009年版，第40页。

般探访，但每遇婚丧礼庆时，也必邀共同喝酒。非血缘的亲戚，如参加婚礼、可不馈送；但若参加丧礼，则需量力携酒肉致祭。吊唁者包括死者的姐妹之夫、岳父母、女婿和儿媳妇之父母等。1949年后，黎族家庭内，夫妻平等，夫妻共同参加劳动，共同享有管理家庭经济和其他事务的决定权。父母承担对子女抚养和教育的责任，子女有赡养父母的义务。

在财产继承权方面，1949年前，男子有继承权，女子没有继承权。父母留下来的家庭财产均由长大成家的儿子继承。父亲死后，母亲不改嫁的，则由母亲持家，全盘掌握家庭财产，待儿子长大成家后由儿子继承；如果寡妇改嫁则直接由儿子继承。兄弟多的家庭，父母的财产一般由最后供养父母的儿子继承，其兄弟也有继承权，但在分家时父母已经分给财产，一般不再继承或少有继承。无儿子的老人，去世后其财产由其亲属继承。父死时，如儿子未成年，由族人抚养，儿子长大后，仍可继承父亲的财产；如是养子，父死是由他负责办理丧事的，亦可继承财产。

丈夫死后，家庭财产由儿子继承，无儿子由其亲属继承，寡妇只带上原属于她自己的那部分财产如衣裙、席被、首饰（项链、手镯）以及部分钱、粮回娘家，年轻的寡妇可以改嫁；年迈的寡妇则由其兄弟供养。死后由兄弟主葬，原夫家属协助，埋在娘家公共墓地里。父母双亡遗下的生活用品，主要是炊具和其他零星东西，主要由长子保管，其弟需要时，可以取用。父母生前住的房子，同一合亩的人需要时，都有权使用，并且不付报酬，但儿子有优先使用权，必要时也可把这房子改为谷仓；如果合亩以外的人需要这所房子，便要用约一头猪的代价，付给房主的遗子作报酬。分财产时，要请本峒村头、保甲长等主持，还要请舅父、女婿等亲戚到场，全村人参加喝酒，由村头、保甲长及其他老人带领村人前往田间划分土地，插桩立界。分家不一定分亩，因为有的分家后，仍在同一个合亩。入赘的女婿被视为家庭中的一员，承担岳父母的养老送终义务，并有继承岳父母死后财产的权利。[①]

（6）关于姓名

1949年前，黎族没有本民族文字，不存在以家谱、族谱形式记录

---

① 五指山市地方志编纂委员会：《通什市志》，方志出版社2009年版，第787—789页。

家族世系的情况，整个家族对其祖先的记忆只能通过族中老人在葬礼时念的悼词来回忆，往上一般只追溯到曾祖父，往下到曾孙。民国以前，通什地区黎族只有黎族姓氏。民国时期起，黎族姓氏有黎族姓和汉族姓两种。汉族姓是在汉文化影响下产生的。黎族社会内部，人们交往时多使用黎族姓，与外族交往时则使用汉族姓。黎族人的汉族姓来历有：一是采用抽签的方式获取汉族姓。志玛（今南圣）学校等各个学校为了办学顺利和方便黎族子弟上学，教师将汉族"百家姓"写在竹签上，放到竹筒里，让学生抽签。学生抽到哪个姓就是哪个姓，然后由教师起名。二是随汉族官员姓。有位国民党官员叫王毅，许多黎族人随王毅取汉族王姓。①

黎族姓氏在黎语中叫"番茂"或"捆茂"，一个"番茂"或"捆茂"就是一个血缘家族。一个黎族村庄中往往居住几个"番茂"，有几个"番茂"就有几个黎族姓氏，这些黎族姓氏之间可以互相通婚。黎族社会中存在几个不同黎族姓氏（番茂）使用同一个汉族姓的情况，通什市毛道乡有几个黎族村庄的群众，他们属于"朴基"和"朴冲"两个黎族姓氏的后裔，这几个村庄的黎族群众使用同一个汉族姓"王"，但他们可以通婚，因为他们属于不同的黎族姓。所以史书上常记载"（黎族）婚姻不避同姓"或"同姓为婚"，这里的"姓"指的是汉族姓。②

名字选定，要和族人商量，要事先弄清楚小孩将要用的名字没有被祖先用过。如果查出有一祖先用过此名，那么这个小孩就得另取其他名字。因为他们认为一经说出死者的名字，他的鬼魂就会回来，这时如果不宰牛、杀鸡、屠狗给它吃，它就会害人。所以取名不能与死者重名。③假如毛道峒和外地亲属中有两个或两人以上重了名字，若其中一个死了，其他同名者便不能再用此名了；别人只能用某某人之父、某某

---

① 五指山市地方志编纂委员会：《通什市志》，方志出版社2009年版，第192页。
② 同上。
③ 这和其他黎族支系关于起名的规矩有所不同，冈田谦在美孚黎地区的调查就表明，在起名方面非常随意，没有很多的禁忌，人们一般都从常用的名字中选择，正因如此，（美孚）黎族中间同名者较多。参见［日］冈田谦、尾高邦雄《黎族三峒调查》，金山等译，民族出版社2009年版，第37页。

人之兄等称呼他,但名字不另取①。

黎族内部的称谓制度历史上是比较复杂的,作为一个局外人,尤其是一个不懂得该民族语言的外来人来说,对其纷繁复杂的称谓制度很难有十分清晰的了解。不过从总体上来说,黎族的称谓制度,有以下特点。

首先,对长辈的称谓,对父亲的姐姐与妹妹,对母亲的姐姐与妹妹,母亲的哥哥与弟弟,黎族各有称呼,而不像汉族对这些称谓不加区别。其次,对晚辈的称谓,祖父和祖母对孙子有不同的称谓,伯父、伯母、叔父与叔母对侄子也有不同称谓,相反,被称谓的晚辈,不论男女,都用同一词,如侄子、侄女同称,外甥与外甥女一样。再次,叔伯兄弟姐妹之间,表兄弟姐妹之间,都以哥哥弟弟、姐姐妹妹相称,但是黎族不以年龄定长幼,而随着对方和己方的父母年龄来确定,凡是比父母大的长辈所生的子女,均为我的哥哥、姐姐,凡是比父母年龄小的长辈所生的子女,都是我的弟弟妹妹。最后,凡是相当于父母辈的亲属,分两类:年龄小于父母的,大部分有不同的称谓,如叔父、舅父、姑父、姨父各有称谓。女的除姑母外,其他姨母、婶母、舅母同称,年龄大于父母的,均无称谓上的差别。②

三 现代村庄社会生活

(一) 村民间的互助

历史已经渐行渐远,传统的行为习惯也发生了很大的变化,如今村民们对传统社会生活方式是十分陌生的,后者更多地存在于人们的记忆或者传说之中。不过通过对村民相关社会生活状况的调研,我们仍然可以从中看到传统社会生活方式影响的蛛丝马迹。

按照村民的记忆,雅袁村民是十分保守与团结的。以前的人们用弓箭守护村庄,如果有外村人侵犯了本村,就要把他抓起来,然后处以罚牛的惩罚,没有牛就要把田卖了换牛做惩罚,或者兄弟带着钱来赎人。

---

① 广东省编辑组:《中国少数民族社会历史调查资料丛刊》修订编辑委员会:《黎族社会历史调查》,民族出版社2009年版,第47页。
② 李露露:《热带雨林的开拓者——海南黎寨调查纪实》,云南人民出版社2003年版,第328页。

如果本村村民作恶多端，就要断绝和父母的关系，后者会斩去箭头的一半，到其他村的头人那里通报，以表示脱离父子关系，以后其所犯错误由其自己负责，和父母没有关系。而在断绝父子关系之前，子女犯错，受害者不是首先找当事人而是找其父母家长理论。

本地很少有偷盗现象，因为偷了东西被知道以后要重罚。这与建立在传统通婚关系基础之上的对外交往范围较小存在相关性。由于该地通婚圈很小，人们的社会交往范围也有限，以至于人们普遍认为只要做了坏事总是会被发现的。而如今，该地的通婚网络已经遍布各地了，陌生的外地人也比以往有较大增加。

与北方大规模的汉族村落相比，合亩制地区的村庄规模较小，因而费孝通意义上的乡土熟人社会的逻辑更容易在这里发挥作用。凡是涉及危害邻里关系的或者会给对方带来面子损失的事情，都会采用迅速的办法加以平息。以下例为证：南门村民黄孙家养了一条黑狗，头天晚上咬了一下黄才建的小儿子，黄孙一气之下就把狗打死了，并把整条狗都给了黄才健，以表示歉意。如果在别的地方或者是陌生人被咬了，就要任由对方要价，去打狂犬疫苗要花 300 元钱。但是因为黄孙的父亲黄德来是黄才建父亲黄仁春的亲叔叔，所以没有这样做。

由于同样的原因，发生在人员异质性程度较高、流动性较大地区的村庄内社会问题，在这里似乎都很难觅到踪影。人们生活在一个相互熟悉并且抬头不见低头见的小圈子里，采取越轨行动将要付出的代价无疑是难以承受的。更何况，此地人们还普遍相信神灵和巫术的存在，做了哪怕自认为秘密的坏事也极有可能很快会被发现，因此村民们一般都会循规守距老实本分地生活。

以前喝喜酒时在地上铺木板当餐桌，如果办丧事就要使用芭蕉叶直接铺在地上，参加宴会的人围成一圈用共用的吸管饮酒，现在这种风俗基本上都没有保存下来。如今的人们已经习惯于使用事先做好的圆桌或者四方桌子，人们不再直接坐在地上用餐，更不会使用同一个吸管轮流在同一个酒坛中饮酒了。人们的洁净卫生观念与前辈有了天翻地覆的变化，都使用各自碗筷，甚至会从市场上购买一次性的碗筷来招待客人。他们对有些不讲卫生的人嗤之以鼻。

在传统黎族社会，建造房屋（茅草房）对主人来说是十分重要的事情，因此每逢族人要修建房屋，村民都会给予共同帮助。在建造茅草房的过程中亦会举行比较复杂的仪式。而如今，对于此地的黎族人来说，茅草房已经成了历史，绝大部分村民已经住上了砖石结构平房。建造平房的技术并没有被本地人所掌握，人们普遍会邀请来自大陆的建筑队帮忙修建，因此砖石结构平房成本较高。而且村民之间传统互助已经无用武之地了。

当然，茅草房并没有完全消失，在村庄的某些角落里偶有发现，只是其历史久远饱受风雨的折磨了。另外，在远离村庄的橡胶园里，为了干工的方便，或者为了在林子里放养鸡鸭，就会搭建一些简单的寮房，这些寮房也能够勾起人们对于传统的回忆。在建造寮房的时候，主人会邀请一些村民帮忙，在建成之后则会聚在一起饱餐豪饮一顿。

（二）婚姻

婚嫁丧娶从来都是村庄内部同时也是村庄之间的大事，一些具体而烦琐的仪式随着时代与文化的变迁而有所变化，但是在笔者看来当前村庄相关仪式的进行与传统保持着本质上的一致性。比如人们对本村能够与之通婚村庄的认知是十分明确的，这种认知很明显是由历史传承而来。南门村与什守村历史上存在兄弟血缘关系，尽管从现代生物学和法律的角度来看已经不存在相互通婚的障碍了，但是两村之间的婚姻是绝对禁止的，而与毛道乡的其他几个村却可以相互通婚，即使对方也是黄姓。

遵循传统习惯，本地各个村庄的通婚村落比较固定，一般不会超过5公里的范围。以南门村为例，其主要的通婚村有同属行政村的毛道6个自然村，毛道乡的红运行政村和番阳南打村。其中尤以南打村为多，南门村健在的嫁自南打村的妇女有8人。相应的，由南门村嫁到南打村的有7人。另外从南打村嫁到什守村的共10人，什守村嫁到南打村的有5人。

如上所列举的婚姻实际上在很大程度上保证了本地婚姻形式的传统性即通婚圈半径狭小。不过随着交通条件比以往有所改善，前述传统通婚现象发生了一些不小的变化。这种变化体现在两个方面：一是原本属于主要通婚对象村庄的通婚数量减少了；二是婚姻对象选择的范围跳出了传统的通婚村庄。

对于前一类现象而言，笔者是在对包括南门村在内的雅袁二村的通婚数量的历史与纵向对比而发现的。在较早年代，雅袁二村与红运行政村的通婚数量较多，但是在年轻一代中相互之间的通婚数量相对而言减少许多。目前在年轻人中，嫁到南门的红运妇女有 6 人，南门嫁往红运的只有 2 人。导致发生这种现象最重要的原因就在于交通状况的改善。

雅袁二村与红运村的绝对距离不超过 8 公里，只相隔两座山，历史上两村之间的交往主要靠徒步翻山，一次只要 2 个多小时就可以到达对方村庄，因此双发的联系是较为频繁的。而在如今，随着雅袁至毛道乡政府的道路修通，红运至毛道乡政府的道路也很早就竣工，两村也被公路连接起来。不过避开了高山的马路距离比原来要远很多，至少有 20 公里以上，骑摩托车大概要半小时。对于年轻人来说，他们不太愿意放弃轻松的马路而去爬山道。正因为如此，两村之间因为地理距离变远而产生了一定的心理距离。从理论上来说，传统的婚姻关系不可能存在于这么遥远的村落之间，之所以在这些村落之间还存在通婚现象，在笔者看来纯粹是因为一种习惯或者称作"惯性"现象。现在通婚数量的减少实际上就反映了这样的问题。

至于后一类现象产生的主要原因在于随着改革开放的推进，在村落层面上也深受影响，年轻一代都纷纷外出打工。南门村最远的就到了湖北襄樊，更多的则去往广东和海口等地。其中尤以年轻女性居多，甚至有女孩辍学外出打工的现象。这种情况的出现使得很多外出打工的女孩直接就嫁到了外地。而对于年轻男性来说，一来外出男性因为经济条件较差不能寻得外地女性配偶；二来本地男性没有足够多数量的本地女性可供选择而婚配困难，于是本地年轻男青年只好将寻找配偶的行为扩展到外地条件较次地区。在南门村，有 4 个男青年的妻子就是外地的哈方言黎族甚至是汉族人。

在比较传统的老人看来，很难接受让自己的孩子和黎族的其他支系甚至是别的民族结婚。本地人至今对外族人实际上是比较排斥的，对其他民族或者黎族别的支系颇有微词，评价也不高。他们认为哈方言黎族野蛮、很坏、会放毒害人，认为汉族人小气、不好处关系，"30 岁的汉族女比不上 15 岁的黎族女"[①]，这或许是出于对本民族本地区固有文化

---

① 指黎族人从小就懂得分享。

的自尊。也可能是南门村事实上已经发生的跨族婚姻给本地村民强化了这种印象。

南门村有两个汉族媳妇，其中一人是黄成转的妻子，来自海南定安县，娘家属平原地区，主要靠种植粮食生活，经济条件没有种植橡胶的南门村好。两口子当时是在海口打工的时候认识的。女方对黎族的社会传统习惯不太能够接受，特别是对黎族人热情好客、有福同享的习惯不能认同，因此村民普遍认为这个汉族媳妇十分小气，管丈夫太严。而丈夫显然比较珍惜和维护小家庭的团结，处处忍让。现在两口子已经带着孩子在定安娘家打工了，过年都没有回来。另一个汉族媳妇是黄才逢的妻子，来自临高县，她的表现在一定程度上得到了村民的认可，因为她比较遵守黎族本地的生活习惯，甚至已经学会说本地黎话了。

前述的另外两个哈方言黎族媳妇都来自乐东万冲镇。万冲镇虽然属乐东管辖，从毛道骑摩托车有一个多小时的路程，但是在没有开通公路之前，两地之间也不过仅隔几座山。毛道人经常步行至万冲购买物品。因此两地的交往向来是十分频繁的，比如南门村黄文德的父亲和万冲三平村的一户人家就是结拜兄弟关系，到现在还有往来走动。然而，由于万冲黎族主要是哈方言黎族，双方之间的通婚现象极少。不过由于前述各种原因造成了婚姻的困难，这种原来不常见的族外通婚也变得可以被接受了。

遵照传统习惯，本地黎族群众结婚的年龄普遍较早，法律规定的最低结婚年龄仅仅停留在纸面上，人们显然也知道国家有这样的规定，乃至于人们会在结婚之后去政府民政部门登记领证。但是传统的力量是强大的，人们有强烈的保持传统习惯做法的力量。有许多尚未达到法定年龄的村民早就结婚了，对于女性来说更是如此，甚至有初中还没有毕业就结婚的。关于为什么要早结婚，村民的解释非常现实，他们认为在目前这种状态下，年轻女性外出打工基本上就不会回来了，甚至有可能要远赴大陆成家。对男方家长而言，他们要在还有女孩可选的时候把儿子的婚事办了；对女方家长来说，则是希望通过婚姻把女儿留在本地。

在传统社会，对于婚姻关系的确定主要是看有没有举办婚礼，婚姻关系首要要得到村民的认可，而不是政府的认可。更何况国家对于婚姻关系的年龄限定是明确的。因此本地村民一般都是先办婚礼，然后生孩子，最后等年龄达标再补办结婚证和给孩子上户口。当年轻夫妇准备生小孩的时候，这种传统婚姻关系做法的负面效果就会有所显现。因为没有结婚证就不能办理生育服务证，小孩出生以后就不能接受打预防针的服务。不过由于这种情况在该地区非常普遍，地方政府相关部门也有一些相应的措施。比如只要村里开证明，证明两人已经结婚，给出生地证明，就可以打预防针了。但是严格来讲，只有民政部门制作的结婚证才具有这种证明效力。

如今如果要娶个本地媳妇需要 2 万元钱左右的彩礼，而娶外地的媳妇（包括哈方言黎族和汉族）只要不到 1 万元就可以。村民黄理东的女儿出嫁，对方就给了 2 万元彩礼，女方给男方送了一头猪、一辆摩托车（9000 元），花费 1 万多元，"没赚多少钱"。他儿子所娶的媳妇是海南临高人，基本上没花什么钱，就在提亲的时候给对方买了一些食品。至于举办婚礼日期的确定与办丧事日期的确定不一样，后者具有不确定性因而日期不能事先确定，但是办婚事的日子可以通过双方父母商量来确定。

具体到婚姻礼仪方面的内容，当今的程序有所简化，但是一些核心的步骤还是保留了下来，尤其是订婚仪式和婚礼当天的仪式。婚姻开支的大头部分主要就花在这两个程序中。

如前所述，在婚姻关系确定时对双方的年龄并没有特殊要求，甚至有可能因为其他原因而将结婚时间提前。一般而言，只要年龄达到 16 岁就可以结婚了。按照村民的表述，当今大家普遍认为完成婚姻的整个过程大致包括以下步骤，其中有些习惯很明显与传统保持一致：

第一，男女双方互相认识，自由恋爱。比如，南门村男青年黄洪强和南打村女青年梁敬英以前在砍竹子的时候认识，慢慢地就熟悉了，并成为夫妻。

第二，男方买一套黑衣服、带一点鱼和肉及饼干，送到女方家，如果对方收下就表示愿意嫁；如果不愿意的话就在吃完饭之后说："你们把衣服带回去吧，我现在还不想嫁。"这种情况在双方之前没有见过面的时候会出现，而对那些经过自由恋爱阶段的人们来说基本不会出现这种情况。

第三，男方安排 10 个人左右再去女方家里，商量礼金的数目，男方先给女方一半的礼金，如果家庭条件好的话，可以都给全，或者结婚以后再补。关于已经支付的礼金，如果在结婚之后女方反悔，女方就要罚双重的礼金。而要是男方反悔，则不能要回礼金。

第四，女方看（夫）家。女方杀猪，带着半只猪肉到男方家去熟悉未来的公婆。这个过程持续时间比较长，会有四天左右的时间。期间规矩和讲究也比较多，仪式的开始和结束都要在别人家（首次落脚地）完成。准新娘刚到的时候要让小孩在屋里将事先准备好的水递给她，她把水倒在门口，表示平安。然后在屋子里喝酒、吃饭，接着由小辈的女孩子带着去小溪里捡螺，捡螺只能是往上游行走而不能回头看，捡到五六颗就可以了，如果没有螺的话就用小石子代替，拿回家放在碗里，并到姐妹家举行换米仪式[①]，最后到落脚的地方喝酒。结束之后就可以到准婆婆家睡觉休息了，到第四天再从落脚的地方出发回家。

第五，四天以后把准媳妇送回娘家，并送十斤糯米酒至对方家，商量结婚的日期。

第六，举办结婚仪式，两男两女去接新娘，时间不能过了中午，送去半只牛腿半只猪肉，十斤糯米酒。对方送亲过来，之后将猪肉带回去。

在结婚仪式筹备阶段，一般来说同一村的村民之间只要帮忙就可以，并不一定要给以物资方面的帮助。但是嫡系亲戚除外，比如黄德林和黄文德共一个爷爷，因此两边小孩结婚时，都会给对方一头猪。当然如果物资不够，别的兄弟那里也可以去借，但是不能很快就还，等以后对方有需要时再还。

黄陈克有兄弟三人，一个大姐已经外嫁，他排行第二，弟弟黄陈转早在他之前就已经结婚生子。大哥黄陈方还没有找到配偶，按照本地的习俗，小弟（或者妹妹）先成家需要履行一定的仪式。结婚当天，黄陈克给大哥披上了一件黑色的衣服。而如果是妹妹先于哥哥姐姐结婚，要在去看夫家那天，于离开娘家之前将黑色衣服披在哥哥姐姐身上，然后不能回头看，直接往婆家走。

当年结婚的夫妇第一次过年要回女方家，只有一种情况可以例外，

---

① "换米"仪式是用自家的米与本村未来嫂子家的米进行交换。

即如果已经有了小孩就可以不用到丈母娘家过年了。这在汉族地区是极少出现的情况，即只要正常婚娶，都应该在夫家过春节，否则就容易被理解为是入赘婚姻。但是在这一地区，人们认为这是正常的习俗，从学术角度来看可能是为了表示对于女方及其家庭的尊重。

本地群众对婚姻确定的仪式是非常重视的，不但程序较为复杂，而且准备的时间很长，父母至少在几年前就要开始攒钱购置结婚所必需的物品。南门村老人黄德来现在每天都要外出放牛，据说是准备给他最小的儿子黄孝结婚用的，儿子现在在外地读中专。另外，如果属再婚，就婚姻仪式而言，也要和初婚一样大办，只不过人们心里感觉再婚不像初婚那样快乐而已。

本地存在招夫的情况。女人的丈夫若去世，她可以离开夫家，比较自由地处理自己的事务，这是历史上黎族地区就有的传统。但是在当代村落实践中，女人一般不改嫁到外村，为了子女她们或者不再嫁或者招夫上门。从传统习惯的角度来看，如果自己离开夫家，子女是不能带走的，母亲会担心家庭的财产会慢慢地没有了；当然从当前的社会实践来看，由于土地承包责任制的实施，随意的迁徙很难解决自己需要耕作的土地问题。

在汉族地区存在的姑表亲，被称作"亲上加亲"。而在本地，姑表之间的婚姻是绝对不允许的，但是同祖不同父的姑表亲则是可行的。从现代医学和法律的角度来看这并不被允许，但它毕竟表明人们对于近亲属之间的婚姻还是存在着禁忌，其中也可以看到人们判断双方之间关系的标准是从父系而定。

该地存在叔嫂婚情况，即哥哥死了嫂子可以转嫁给弟弟。村民认为这是祖制所允许的。这和黎族群众日常的家庭生活习惯一致，只要弟弟还没有结婚成家，就可以和哥嫂一起吃饭直到去世。而反过来，哥哥与弟媳妇之间的关系十分微妙，双方之间的禁忌较多。哥哥与弟弟和弟媳妇是不会在一起吃饭的，哥哥和弟媳妇绝对不会单独在一起。村民梁敬英说："在同一桌喝酒的时候位置没有特殊的讲究，可以随便坐，唯一要注意的是，（堂）兄不能和自己的弟妹（弟媳）坐在一起，中间必须有隔着其他人才行。和嫂子则不必忌讳，比如嫂子生病了，弟弟可以把她抱上车，可以带她去医院。"

南门村有一个男村民黄国藩"嫁"到了番阳镇的一个哈方言黎族村落，据说因为那边的土地比较多，经济条件也比这里为好。作为上门女婿，他改了对方的姓"王"。这是他主动和笔者说的，对此似乎没有任何羞愧之意，因为在汉族地区做上门女婿是羞于启口的，更不用说改成对方的姓氏了。村民介绍如果是男方入赘到女方，两边都不用花钱。笔者认为这多少与黎族地区对于祖先崇拜特别是姓氏意识薄弱有较大关系。

(三) 家庭生活

婚礼办完之后，新媳妇就成为夫家的正式成员。由于现在交通较前便利，而且身份自由，在夫家和娘家之间走动是十分平常的事情，这至少在一定程度上减轻了女方因出嫁带来的一些伤感。

结婚时，婆婆或者舅舅会给新婚夫妇购置两个碗，要一直用到破为止，不能随便扔掉。在这里扔碗是最忌讳的，因为只有死人的碗才被放在地上用以喂猪。南门村来自临高的汉族媳妇因为不懂这里的习俗，有一次生气时将碗摔到地上，惹得全家人都很生气，后来就再也不敢扔碗了。

传统黎村的女孩早在出嫁之前就已经学会了干家务甚至是耕作的技能。在看夫家过程中所举行的那些仪式尤其是捡螺仪式也是一种用以考察未来媳妇的劳动技能的象征。因而，在正式成为丈夫家族成员的那时开始，就开始承担起家庭主妇的责任。

新婚夫妇一般会先与公婆一起生活一段时间，直到一年以后（一般是有小孩之后）才和父母分家。不管在茅草房时代还是现在，长辈要住在房子的右边，因为黎族人认为右手大，左手小。从结婚到分家的这段时间，对新婚夫妇来说，实际上是一个过渡时期，给他们提供适应过程。在这个过程中，改变婚前的坏习惯，并且还可以从公婆那里学习更多的生产生活技能。其间像炒菜这样的活主要由媳妇承担，而婆婆在一边帮忙做饭。钱由公婆管理，一起劳动。

黎族群众并不反感或者拒斥分家，分家往往是由父母首先提出来。这不仅是传统习惯，也与此地频繁的人情来往有关。因为如果一直不分家，财产物品都在一起，当小家庭有一些对外交往活动，尤其是媳妇回娘家时，必须带着东西去赴会，年轻媳妇不敢轻易拿共同财产前往。而在分家之后，媳妇就可以比较自由地去参加这一类活动了。

南打村的梁敬英1993年嫁给了南门黄洪强。当时黄洪强有兄弟五人，大家都在一起生活。2002年二弟黄小章结婚，黄洪强夫妇就于2003年和父母分家。老二黄小章也由于三弟黄小龙成家而在2013年与父母分家。不过，虽然已经分家，全家仍然保留着共同劳动的方式，甚至劳动成果也归父母共同保管。而在金钱货币方面，一些副业收入尤其是割胶收入则归各自小家庭支配，因为橡胶林地在兄弟之间已经公平分配了。

值得研究的是，该家庭的生产资料实际上已经分开，但是在农业生产方面仍然共同劳动，对于粮食的取用甚至比传统合亩制时期的按劳分配更显公有色彩，是一种事实上的按需分配。黄小龙结婚时，红包收入两万五千元，一开始由小龙收着自己支配，但是妈妈说小弟还没有结婚也应该拿点出来，就给了母亲一万两千余元。① 结婚时姑姑们买的音响、冰箱等，以及一万两千多元的三轮摩托，这些器具都是大家一起使用。

同样的例子也存在于黄进余家庭，他现在和父亲黄国平夫妇一起住，没有分家，土地也没有分，因为只有他一个儿子。但是不在一起吃饭，老人家有单独的厨房。黄孙的情况和黄洪强更加接近，他是黄德来的大儿子，和大母②一起生活，大母土地归黄孙，而黄德来的土地由三个儿子分，所以黄孙的土地是最多的。但是因为老二、老三还没有成家，所以还在一起劳动。橡胶地则已经分到各个儿子名下。黄永吉的两个儿子都没有结婚，因此橡胶树和土地都没有分，在一起耕作。

在小家共同劳动中，遵循着一定的性别分工，男的打田（犁田），女的拔秧插田。但是如今的性别分工并不是死的，具有某种程度的灵活性。比如田打完了，男人也可以帮女人干活。2013年过年前的一个下午，笔者和南门村梁敬英去田里帮忙劳动，当天要插稻苗的田并非她自己的，而是给公婆提供帮助。犁田的有李勤、天韵和小章，插秧的除了

---

① 2012年春节父亲所养的牛卖了5000块钱，也让母亲存银行了，她说要给还没结婚的小孩准备钱。

② 黄德来的前妻，由于不育而与黄德来离婚。但是仍然生活在前夫家庭。

笔者之外全是女人，而稻秧早在上午就已经由女人们准备好了。

　　与其他地区相类似，在孩子成家后分家的过程中，也经常会有一些不和谐现象出现，问题不在父子两代，而是在兄弟之间。不过基于传统社会的乡土性特点，人们并不轻易表示这些不满。小家庭之间所存在的问题，亲兄弟之间不会直说，而是由媳妇出面表达意见，然后大家一起商量，直到都满意为止。一般而言，最小的孩子因为是最晚成家的，都会和父母共同生活更长的时间再分家甚至一直不分家。他获得父母的照顾自然更多一些。黄进宝队长父亲比较照顾老三黄进东，进宝当时有意要求老父母中的其中一个可以和自己过，因为这样就可以多一份土地了。但是父母没有同意。老大黄进全的媳妇在醉酒的时候也有过怨言。此地分家方式主要在内部商量，不像汉族地区需要舅舅来裁判。

　　黄德林有三个儿子，老三和老二都已经先后结婚，黄德林与老三儿子黄陈转住在一起。老大黄陈方因为还没有结婚，而且常年在外打工，因此名义上还是和父母住在一起。逢年过节回家他就住在老二的房子里。因为当时政府补助建房的时候老二还没有结婚，所以当时只有老夫妻和老三的房子，他们准备在原来的房子上再加一层。因为老三的媳妇是汉族，与公婆不是太合得来，以后可能还是要和老二或者老大一起过。父母和谁一起，哪个儿子就要多一份财产和土地。不管父母和谁过，如果有大的开支，其他儿子也要共同负担。父母过世后，财产要诸子平分。

　　（四）与生育相关

　　该地新婚夫妇生小孩后三四天就要告诉女方家庭，到满月时舅舅等要专门过来看。以前会有专门的仪式，现在则是通过一个电话就可以达到告知的目的。由于传统的婚姻圈半径不大，相互之间的联系和见面也并不困难，因此平时相互探望的机会也很多。

　　小孩办生日酒宴在本地比较受重视，尤其重要的是孩子的满月和周岁生日，这两次生日都会办。但是隆重举行仪式的只选其中之一，即大办酒宴只选一次，因为同一个人不会两次都参加，因此现在人们普遍是在周岁时办酒，这个时候小孩也会说话和懂事了。当然如果是至亲，每年都做生日也会参加的。

传统村落里，人们一般在家生孩子，村里有会接生的妇女。生了孩子之后要吃一种草药，只有村里的一些老人知道并去采来给坐月子的人吃，在一个星期之后会请接生的人以及采药的人吃酒。生完孩子的人不能吃菜和盐巴，只能吃白米饭。现在怀孕的妇女都会进行一些必要的医学检查，而且在临生产之前都会前往医院待产。

如今政府计生部门的工作已经深入了村落地区，尤其通过基层妇女组织把计生工作做到位。"2000 年，通什市计划生育工作重心由市区转移到农村。在全市推行计划生育中心户长制度，培训计划生育中心户长和信息员，发动群众主动参与计划生育管理与服务。"[1] 村里的妇女组长也成了计生工作的协助者。2012 年春节期间，村庄的每个妇女都分得了一张挂历和布制手提袋，上面印着计划生育的一些宣传口号，是妇联分发给没有超生的 50 岁以下的已婚妇女的，这对那些没有遵守国家法律超生的村民来说是一个不大不小的惩罚。

"（五指山）少数民族农村群众'生二控三禁四'，隔胎必须在 4 周年以上。""1997 年，通什市出台了关于农村独生子女、纯女计划生育户的奖励政策，对农村的独生子女户、纯女计划生育户给予扶贫等各方面的优惠政策，对子女的九年义务教育给予了免收学费、考试加分等优惠。"[2]

生产和养育方面的这种变化，使得一些仪式传统也发生了变化，不过大部分还是保留了下来。在妇女生产的一周时间内，要在门上挂一串树叶，不让别人随便进去。在喝小孩出生后的第一次酒（满月酒）之前，让那些给小孩接生的人[3]按照接触小孩的顺序用混有少量猪血或鱼血的水来洗脸、手和脚。因为人们认为刚出生的小孩是带着血的，人们洗了之后才不会弄伤自己。接着还要喝糯米酒，吃一条小鱼，以表示平安。喝酒之前无意闯进去的人也要参加这个仪式。这一仪式的结束就表示谁都可以去接触这个孩子了。据说以前生猪崽和狗崽也一样不能让外村人看到（本村人可以），不然的话猪崽和狗崽都要死光，不过现在已

---

[1] 五指山市地方志编纂委员会：《通什市志》，方志出版社 2009 年版，第 179 页。
[2] 同上书，第 181 页。
[3] 如今大部分小孩都在医院出生，因此那些去医院陪护和看望的人就要举行这样的仪式。

经不这样做了。

黎族传统的节育技术主要是使用生草药，如"鸡骨香"草药，据说月经后煮汤服，连服三期可以绝育。另一法是吃"红霞"干（"红色蝙蝠"）。[1]但是现在人们有了更多更科学节育技术的选择空间。

如果结婚之后一直没有生养小孩，人们会试图通过抱养的方式来解决后嗣问题。现在人们很容易通过医院检查得知问题出在哪方，如果是男的不育就会抱养；女方不育就要离婚再娶。抱养来的一般都是姑娘，男孩一般是不会给别人的。抱养行为通常是秘密进行的，没有什么仪式。夫妇如果只有一个女儿，当她出嫁之后，父母的财产就要分给最亲的侄儿，女儿女婿不能染指，以保证财产留在本村本家族。如果父母年纪大了，可以把他们接到自己身边，但是在快要去世之前还会送到原来的村子终老。

南门村民黄国平原有四个孩子，其中唯一的儿子在12岁时去世了。刚好他已经去世的弟弟有一个儿子，现在和他一起吃饭，以后就要给他养老了，财产自然最后是要给他侄子了。我们去他家拜访的时候，嫁到毛道报万村的大女儿和女婿刚好来拜年。他的二女儿嫁到了琼中，那里深受汉族风俗习惯的影响。女婿也把那里的一些做法带到了岳父家，比如过春节的时候在门上、鸡圈甚至是蜂箱上都贴上了对联，以便起到辟邪保平安的作用。

南门村还有一个孩子叫阿廖，他虽然现在本村，但其父亲并不是这个村的，他不过是跟着改嫁的母亲从万冲的"哈"临时迁至此地。他的母亲原来嫁到毛卓村，生了两个姑娘后，因为不会干工跑到万冲，生下了这个儿子。后来又改嫁至南门。即便如此，他的继父和村民都把他看作是自己的小孩，他和另外两个孩子（一子一女）得到同等的对待。

黎族父母培育子女的方式在外人看来是比较残忍的。他们缺少对子女起码的关心，人们让未成年的小孩光脚在石子路上跑，甚至当刚会蹒跚学步的幼儿站在高达三四米的垣壁之上也从不担忧。村民梁敬英的女

---

[1] 曾昭璇、张永剑、曾宪珊：《海南黎族人类学考察》，华南师范大学出版社2004年版，第51页。

儿阿珊12岁，她可以十分灵巧地爬到很高的树梢上去摘酸豆，而她的母亲就在树下看着，很习以为常的样子。

该地区群众对子女的态度与汉族地区相比也存在差异，这种差异更多的是文化习惯的差异。比如，对于子女姓名的确定是比较随意的，当然这种随意也是建立在一个最基本的原则之上，即这个名字的尾名不能和别人（包括死去的和活着的）相重即可，没有辈分之说。另外，人们对自己小孩的年岁也不刻意记住，对于小孩的属相更是无从谈起。村民黄进余1983年生，生有两个小孩。在房子的门上还有小孩出生后挂着的一把枯黄树叶。问及小孩的生肖，想了半天才想起来。这里普遍没有这种意识。而在汉族地区，人们不记得自己的年龄，但是都会记得自己的属相。

孩子直到结婚了才算成家，才能有当家做主的可能性。这在理论上讲是如此，而且村民也普遍认同这种说法，但是在实践中，父母和子女之间的关系会因为各种原因而有所不同。比如有些父母比较弱势，就不敢管自己小孩，怕孩子喝醉了打骂自己。因而，在外人看来有时两代人之间的关系十分平等，就像兄弟姐妹一样，不经过长时间的交往或者没有人指点，看不出对方的真实关系。尤其在父母面前，孩子没有任何受拘束的样子，抽烟喝酒甚至打情骂俏都很随意，同在的父母并不会出面干预。

南门村黄永瑞上了医学中专，这在当地也算学有所成了，去基层卫生机构工作并不难。但是他并不急于外出找一份体面的工作，而是留在家里帮父母割橡胶。他自己割胶的收获归自己，弟弟的橡胶树也由他割。他每年割胶收入好几万元，但是基本上会花光，隔三岔五地往五指山市区跑，去唱卡拉OK或者见见其他的朋友。他是村里仅有的有笔记本电脑的年轻人。家里曾经找关系帮他在当地电站工作过，但是没有待很长时间就回来了，"没有发展前途，而且比较孤单，外面发生什么事情都不能知道。"对小孩的不争气，父母又不能说太多，因为他们认为小孩大了，就不会再像小孩一样教育他。

（五）爱情草

在调查中，笔者不止一次的听到关于"爱情草"的话题。不论老人还是年轻人都对这类话题侃侃而谈。人们都明确肯定有这种巫术，但是人们并不知道如何来真正的操作。在《热带雨林的开拓者》一书中，作者把这种巫术称作是诱惑巫术，并有相关的介绍：黎族青年在谈恋爱时遇到障碍，甚至失恋时，常常入山林瀑布下，采集几种特殊的草，如含羞草、无头藤等五种草，制成魂药，黎语称"干雅围"，偷偷把它置于所要追求的姑娘饭碗内，或床边枕下，这时候姑娘就像丢魂一样，倾心于男青年，二人言归于好，热恋成婚。还有一种方法是把采集来的神秘药草，加工为魂药，用纸或布包好，放在鸡窝内孵化，使魂药具有小鸡随母鸡的习性，事后将魂药放在鸡身上，小鸡就会时时跟随母鸡，永不分离，如果把药放在所追求的姑娘身上，姑娘也像小鸡随母鸡一样，追随男青年，使恋爱达到炽热的程度。

当地民间认为蚯蚓与蚂蚱可以交配，捉住蚯蚓、蚱蜢，晒干后研为粉末，又取两根无风而绞结在一起的树枝、竹枝，也晒干，研为粉末，将两种粉末合水，制成药丸，这就是最佳的迷魂药，偷偷放在女方的食品里、睡觉处，女人就会无理智地追求施迷魂药者，最后导致结婚。①

在别的文献中也提到了"爱情药"的做法。"据说迷人药是采用正在交配的蚯蚓、蝗虫各一对，户枢（门轴）粉末，竹与竹相搓擦的粉末，深涧内无风而自行摇曳的树叶，大树洞内的积水，深山里的摇脚蚊及山蝉等物，晒干共研末，只要心术不正常的男子将它放在姑娘枕头下，睡觉时吸入了粉末，就会中毒致幻，迷恋追求投毒者而不能自已"②。

当然村民自己对于"爱情药"的描述和文献中的记载会有些许不同：喝了爱情药就会爱上放药的人，喝药的人时不时地会想起对方，去找对方，并且有时候会哭会闹；或者偷偷地从对方脑门旋涡处揪两根头发绑在"爱情药"上，放在门口，每次打开门，对方就会心动心痛一次。还有传说的用法是拍在对方身上，或者抹在石头上，然后让对方先说话。只要对方先说话她就会爱上你，如果自己先说话就要被对方牵着

---

① 李露露：《热带雨林的开拓者——海南黎寨调查纪实》，云南人民出版社 2003 年版，第 377 页。
② 潘先木骘：《黎族辟邪文化》，海南省民族学会编印 2006 年版，第 4 页。

鼻子走了。"爱情药"的药效将有半年之久。人们说"爱情草"现在不能随便用，因为它会破坏家庭，特别是对那些已经结婚成家的人来说更是如此。村内传说，有些黎族姑娘为了赚外面老板的钱，就会下药给对方。

对"爱情药"也有破解方法如下：1. 糯米稻草烧成灰洗头，朝向水流尾部方向；2. 或将牛踩田时候脚印里面的水舀来偷偷给受害者喝下。听说有一个妇女结婚十多年了都不回家，通过这种方式就重新回家了。另外，黄文德的父亲替他用这种方式弄到了老婆，当时女方的父母强烈反对姑娘嫁过来，但是最后还是结了婚。

除了爱情草之外，人们还相信有其他特殊功能的草。一种是功夫草，碰了它之后打架就会很厉害。另一种是猎人种的草，把它抹在枪上猎人上山就会打到猎物，如果不上山，接触到它的人就会浑身长疮。

（六）关于节日

经过笔者调查，在此地并没有发现特别重要的民族节日，传统的"三月三"节对村民来说并不像书籍上所说的那样被村民所重视。与其说该节日的隆重性被消解在忙碌的工作中，不如说是在当前平日里即已有很多的聚会时刻而无须刻意在哪一日聚集。相对而言，春节受到了本地群众的高度重视。春节本不是黎族群众自己的节日，但是随着社会的变迁和本民族群众日益融入以汉文化为主的主流文化，春节也不知不觉成为了村民最重要的节日。

在除夕以及接下来的春节期间，村民们也会为此忙碌起来，其间有一些颇具象征意义的仪式行为伴随。

在大年廿九晚上，人们会事先割来一些芭蕉叶，准备除夕当天早上做平安饼。具体的做法是：把糯米和普通米先泡胀之后再打成粉，然后用芭蕉叶包起来蒸熟。除夕那天早上六点左右，南门村梁敬英就已经起床开始忙碌了，正在蒸平安饼。因为她儿子黄李勤要去万冲捉鱼，顺便路过她南打村的娘家，可以让儿子带一些平安饼给外公家。下午回来的时候，老人家又让外孙带了几斤猪肉回来。

邻居黄仁春则花了一个上午时间做另一种饼状食品，其类似汉族的年糕，先把糯米蒸熟，然后装到一个塑料编织袋中，用一根很重的木杵子将米打碎。然后揉成一个长条，接着用绳子将其截成好几段，每段压成一个圆形糯米饼，之后油炸着吃。

同一天上午，村民们还要把自己房前的空地收拾打扫干净，凌乱的路面顿时显得整洁不少。下午5点钟左右把晾在外面的衣服收了起来，因为从这时候开始到明天（正月初一）都不能晾衣服的。

这一年过年全村杀了两头年猪，黄小章和黄思明各杀一头，然后村中每家每户各分取一部分，只要按照市场价格给钱即可。宰杀年猪方法与婚丧大事时的火烧法有所不同，用的是滚水煺毛方法，如果猪毛煺不干净再使用传统火烧方式。

晚上吃完年夜饭之后，女主人就在家里看电视，而不会去别人家串门。她说女人过年这天只能在家照顾小孩，守好自己的家，当然未出嫁小姑娘则不受约束。过完年之后就可以随便出去串门喝酒了。当然如果家境可以，初二、初三、初四就可以到外地特别是娘家拜年，要带上饼干、苹果、酒和红包过去，娘家也要杀猪招待，以便家族同胞一起喝酒。但是只要是来喝酒的，客人都要给对方红包。因此为了不增加父母的负担、当然也为了自己少掏红包，一般的都不在正月十五过完年之前去拜年走亲戚。如果为了表示孝心，在过年之前前往万冲购买年货时路过父母家就已经顺便给带一些礼物。

按照村民的说法，正月初一早上要贴对联，这与大陆地区往往是在除夕当天贴的习俗不一样。村民说想贴就贴，没有什么特别的规定。特别是很多村民的房子还没有装修好，对联也不好贴上。笔者看到在南门村贴春联的村民并不很多。至于贴春联的习俗，这显然不是本地传统，而是受到了外来文化的影响。传统时期连文字都没有，自然不会有写贴对联一说。村中老人也指出，南门村的对联是1984年从新村开始搞的，主要是因为黄国平的大女婿是琼中汉族人，后者把汉族的这一习俗带到了这里。

正月初二这天，笔者参加了阿雅家的酒席，看到了有一个陌生的人，在南门村里过年。这个现象引起了笔者的注意，原以为在别村过年，应该是新结婚的女婿吧。后来才知道他是南打村的，和阿雅家确有一点关系。具体情况为：阿雅的奶奶当年是从毛道嫁到南门，生了其父亲黄德林之后就丧夫，改嫁到了南打村，嫁给了这个人的大伯，生了一个小孩之后又死了丈夫，又带着小孩嫁到了万冲。因此，他喊阿雅的奶奶为伯母。

四 "合亩制"形式的遗存

如前所述，传统"合亩制"主要是一种经济生产方式，属于经济设置的范畴，它又不仅仅是一种单纯的经济制度，因为它同时在某种程度上履行和实践着一些社会功能。其经济层面和社会层面的功能虽然在当今社会已经基本消失，但是其对现代黎族地区的社会生活还是产生着一些潜在的影响，有些影响甚至是非常明显的传承自"合亩制"。

（一）形式上的共耕

在三个村庄中，都存在着一些兄弟和父母共耕土地的现象。尤其以南门村黄文德一家最为明显，这在前文已经提到过。黄文德一家有5个儿子，老大、老二已经结婚成家。并且老大与父母分了家，老二将在老三结婚之后分家。分家的时候土地、财物都已经分配到位。理论上讲，因为老大已经分家单过，大家庭中别的成员可以不用管老大一家的生产。但是由于老大违法被判入狱，劳动力十分不足。其他家庭成员于心不忍，仍然在农忙时节一起干工，因此共同干工方式并没有改变。当然，和传统合亩制时期的共同劳动不一样的是，此时的劳动收成归各户所有，而不是按照小家庭数来平均分派。

另外，这种共同劳动的形式仅仅适用于主要粮食作物即水稻种植方面。已经结婚且分家的小家庭也可以将自己分得的那份粮食存放在父母那里，在需要吃粮时直接去父母处要稻谷。但是在经济作物的种植和收获方面，就较少这方面的共同劳动了；一般都以小家庭为主，即使是没有成家的子女也会独自经营属于自己的那份儿。因此，我们会看到在金钱货币方面，一些副业收入尤其是割胶收入归自己支配，极少出现合伙共同经营和共同支配的。应该说，这种情况的出现与市场经济意识在此地区的渗透与普及有关联。

这里所提及的共耕形式主要有以下几种情况：第一种情况即上述的家庭劳动力缺乏，大家庭成员之间互相帮助以解决某个小家庭劳动力不足的情况；第二种情况是仅有独子，不存在分家现象的家庭，成家后的子女与父母一起劳动，在粮食收成上不作分配各取所需，但是在经济上一般都仍然会各有一定的管理权，因为年轻人也要有自己的外部交往空间。在此地，独子家庭比较少，但多个子女中姐妹已经出嫁只有一个儿子的家庭也适用这种模式，如南打村的梁秋杰家庭即是如此，其妹妹已经出嫁，他和父母一起干工。第三种情况则是家中有鳏寡孤独人士寄人篱下者，和主人家一起干工，南打村的梁京即是如此，他的一个酒鬼叔叔是老光棍，和侄子一起生活，平时也一起劳动。

（二）母系制遗迹

20世纪50年代合亩制被发现之时，此地有十分浓厚的母系社会残余，经过几十年的发展，母系制社会的实践在当今仍然有较为明显的影响。

第一，"不落夫家"，在传统意义上，是指在结婚之后并不直接入住男方家庭，而是要重新回到娘家，在有了孩子之后才到夫家定居。在今天，由于现今土地制度和婚姻制度的规定，传统的"不落夫家"习俗已经不能够继续维系下去了。但是"不落夫家"制度却以另一种简化的形式保留了下来。即如果新婚夫妇在结婚当年没有生育孩子，则在春节期间小两口要在女方家过；但是生了孩子的夫妇就不用回娘家过年了。另外，在家庭婚后生活中，公婆的衣物缝补洗涤工作媳妇可以一点不管，而由其女儿承担，即使对方已经出嫁了也一样。十分明显的是，这些新时期的规矩和传统合亩制时期的"不落夫家"习俗具有十分的相似性，只是在形式上有了与时俱进的改变而已。

第二，已婚妇女在娘家的地位仍然较高。在南打村，笔者看到有一个已经嫁往毛道村的老妇人，因为生病且儿子不懂照顾，就在兄弟家中占据了专门的一个房间居住了很久，在此期间兄弟和侄子对她照顾有加。另一个例子也可以说明这一点，什守村的女儿嫁给一个大陆广东籍的打工仔，后来回到村里，父亲和兄弟专门分给其一部分宅基地，并盖起了楼房；其父兄还从自己的橡胶地分了一部分让其经营。本地群众对此是没有任何异议的。

第三，在丧葬仪式方面，传统母系制遗迹亦较为明显。表现为：首先，如果女性死亡，可以遵循其意愿葬在娘家，虽然这种情况并不经常发生，但是此地群众心中都是认可这种做法的；其次，在女死者的出殡途中，如果其侄子要求抬棺，必须优先满足其要求，以尽最后的孝道。另外，在丈夫去世之后，妻子在葬礼期间会在形式上离开一段时间，或者跑到山上或者在田地里过一段时间才回家，这和传统"合亩制"时期丈夫死后妻子即回兄弟家的习俗存在形式上的耦合。

（三）对外交往的集团化

在传统合亩制时期，村庄之间的相互交往主要由村庄的精英人物完成，其中的精英人物以村头和合亩的亩头为主。在传统合亩制中，亩头往往是年龄和辈分最高者，也因此往往是家族中的家长。在村庄的对外交往中，亩头等头领在得到交往信息之后，会带领自己合亩的亩众前往对方村落参加相关活动。对外交往所需要的花费支出都由亩头承担，因为在每年对劳动产品进行分配的时候，会专门留出一部分作为公共产品，用来应对对外交往所需。如携带酒和米去别村，或别村有客人前来需要接待也从中开支。

如今，合亩以及亩头都已经不复存在了，一些个人之间的小型事务业已回归小家庭。但是村庄层面上稍微大型的对外交往事务显然要继续存在下去，而这就仍然需要有相应的物资准备。按照笔者的观察，本地区传统的社会交往形式是非常好的保留下来了，其中之一就是整个家族甚至整个村庄之间整体交往的特征十分明显。只是这时候对外交往组织者的角色和传统时期发生了极大的变化，他已经由原来固定的合亩亩头或村庄村头来承担变为由普通的村民来承担，即对外交往活动的组织者变得不那么固定了，由谁来承担对外交往费用要视具体的事项，让那些直接相关者来承担相应的物资付出，他自然地就成了某项对外交往活动的召集人。

笔者将本地区这种非常特殊而有意思的对外交往机制称作"做头"制度，在下文中将会对其作具体的研究和介绍。正是这种制度的存在使得传统紧密村际联系在当今社会仍然保持着合亩制时期那样的程度。它是"合亩制"时期社会交往形式与内容的现代变体。

第三节 村际间的日常合作与竞争

村落是地域社会的最基本构成要素，因此基层地域社会的整合程度显然与村落在该一区域内如何行动密切相关。宏观层面国家和社会的稳定首先需要的是地域社会的有效整合与稳定。这也是世代政府所祈求的理想状态。在一定意义上，地域社会是介于国家和基层之间的中观层次领域，在中国传统社会中历来有"皇权不下县，县下惟乡绅"的说法，是指正式的国家政权并不直接干预基层事务，而是通过中间层次即乡绅来进行上传下达。在少数民族地区，实际上也存在类似的联系，即中央政权通过诸如"土司制"给予高度的自治。在这种情况下，作为少数民族地区地方领袖如传统黎族社会"峒"组织的头领就有负责自己所辖地区的社会整合的责任。在汉学家杜赞奇的著作中，他用"权力的文化网络"概念来表明国家对基层社会的治理。

对于国家整体而言，地域社会整合的达成具有非常重要的意义。尤其在中国这样一个民族众多地域广袤的国家来说，更是如此。当存在有不同文化背景或者即便有共同文化但有些许差异的人们生活在一起，由于其中夹杂着经济利益的原因，地域社会整合的实现并不是一件容易的事。在本书所调查的黎族合亩制地区就存在着这样的问题与现象。在该地区核心地带以杞方言黎族为主，在外围地区则是黎族的另一个支系即哈方言黎族，如今还有许多来自大陆的汉族群众也成了黎族的邻居。杞方言黎族与哈方言黎族虽同属黎族，但是具有较大的文化上的差异，因此从很早以前关系就是比较复杂的。在杞方言黎族群众中，人们对哈方言黎族非常警惕，历史上也有哈方言黎族发动战争侵入杞方言黎族土地的故事。这种关系同样也存在于各自支系内部之间，比如村落之间就会因为各种原因而爆发战斗，并对现代的地域内部关系产生或多或少的影响。然而即便如此，从漫长的历史来看，地域社会总体上是和谐的。

那么地域社会的整合如何达成？按照社会学的观点，一个群体之所以能够团结起来有两个方面的影响因素：一是内部频密的交往与互动，使成员相互交融与契合在一起；二是外部因素，即共同对付外部的敌人，使得敌我界限有明显的区分。对前者而言，本书的研究主题即是如此，也即村落之间的紧密联系与交往互动。在一个相对封闭的地理区域，居处其间的村落间交往是经常现象，尤其在不同的村落之间建立起通婚关系时更是如此。至于兄弟村落，重要节日的聚会甚至在农活耕作过程中的互助都有效地推动彼此之间的频密联系。至于后者，在峒与峒之间，除了极端的情况下可能存在一些战争之外，在日常的生活与交往中也多少具有相互排斥和较量的内容。如在历史上，雅衷峒与毛道峒之间始终就存在着某种程度上的张力，这种因人多势众产生的优势即便在如今仍然影响着当地基层组织的权力布局。也正是在这种或明或暗的对抗中，各自的界限得到明确。

显然，紧密的村落间联系是实现地域社会有效整合的重要途径。至于紧密村落联系的具体表现方式则是不一而足的，前面述及的结成事实上的同盟共同对抗外部势力是一种方式；兄弟村落之间的农事互助也是一种方式；而通婚村落之间的走动则是另外一种重要的紧密村落联系形成机制。

如前所说，不同的村落总是存在一定的差异性，这也是地域社会内部村落之间张力存在的基础。在本地区杞方言黎族与乐东哈方言黎族之间，相互之间的差异是很大的，矛盾与冲突不少，甚至有一些危及人命的冲突，但是这并没有真正的破坏两个支系之间的正常往来。在本书中所涉及的三个村落中，南打村因为接近传统合亩制外围较早慢慢接受了哈方言黎族的文化，在宗教祭祀文化方面变迁很大，因而与雅袞二村产生了文化习俗上的张力，这种张力的存在对村民来说是负面的。不过这几个村落之间的关系却并没有因此而渐行渐远，还是继续保持了传统交往的紧密性。村落之间的差异被村民有意无意地消解了。所有这些都是因为村落之间一如既往的紧密交往与互动关系。在很大程度上，村落之间的紧密联系并不能由某个村民来决定，而是一种传统，人们不得不去遵守这种传统。也正是对传统的遵循，村落间的紧密联系带来了地域社会的整合与秩序。

一　村际间日常合作

村庄之间的合作主要以亲戚家庭之间的直接联系为表现，但是由于本地区村落基本上都属于血缘村庄，因而村际之间个别家庭之间的合作也往往表现为整村之间的合作。比如婚丧嫁娶仪式中的村际合作现象是十分明显的，这一类合作最直接的作用就是帮助主人解决经济和物资上的困难，因此由于参与者出钱出力参与相关事务，当事人基本上不会有太大的负担。同时还有一些合作行动的社会功能大于经济功能，尤其在农忙时节的互助表现得更为明显，笔者曾在一篇论文中所研究的水稻种植时节整村性的插秧互助即属于此种日常合作①。在该文中，笔者指出：村际间的互助与其说提高了水稻种植的效率，不如说它主要是为了满足村民们之间的交往需求。

村庄之间的交往与合作是全方位的，从规模上来看在大事小情上都有所发生。大事主要表现为婚丧嫁娶及其他紧急性事务方面。如在南门村大火烧村事故中，什守村村民几乎全村出动帮忙灭火，虽然由于风势过大而没有能够产生明显效果，但是对方村民的表现还是让自己感动不已。

而在小事情方面，各村村民之间的互助就十分普遍了。尤其在现代交通与通信技术比较成熟的条件下，人们之间的联系更为便捷。在本地，某个村民的外出极有可能很快会被赋予很多额外的任务，或者是被人委托去镇上带回彩票，或者是被要求代购一些日常生活用品。这些委托一般会上门直接要求，当然更多的则主要通过电话来实现，事后按照实际价格给钱即可。

当然，村庄之间的联系并不只是由于技术的进步而形成，但是可以肯定的是，正是由于这些技术的进步，使村庄之间的联系变得更加便利了。传统时期需要较长时间步行才能达到的交流，如今只需要十几分钟的车程就可以实现；使用手机通讯甚至可以实现信息的即时传递。

南门村一起橡胶片被偷事件的及时发现和处理就是一个生动的例子。一天晚上，黄进余放在库房的橡胶片被偷了。他起夜的母亲借着月光隐约看到有几个人影，抬着橡胶片上了摩托车离开了。由于本地只有一条路且必然要经过南打村，黄进余就立即给南打村的舅舅打电话，让他们进行拦截，自己随后也发动车子往南打村赶去。后者喊了好几个南打村民在村中道路上设置路障，并顺利地将窃贼拦截抓获。原来这些窃取橡胶片的小偷是万冲哈方言黎族小青年。村民把其抓住之后狠狠地教训了一番，就送到派出所去了。

类似的事例十分常见，随着社会开放性的增加，地域社会之外的人与事也越来越多地进入本地社会，这些对村庄不利的事情也愈发增加。

---

① 王振威：《"低效"但"有用"的黎族农业生产互助：被构建出来的社会需求》，《中南民族大学学报》2015 年第 3 期。

本地村庄就经常有乐东哈方言黎族坏青年的光顾。当然杞方言黎族群众的应对之道也增加和生发出来，手机通信技术的应用就是其一。

村际间人们日常交往的方式也发生了变化，与传统的交往形式已经截然不同了。在传统社会中需要通过各种复杂程序来完成的仪式，现在只要通过一个电话就可以十分轻松地完成。以前必须依赖于步行方式的仪礼都已经丧失了其存在的土壤。当然，我们不得不承认，这种变化形式大于实质，人们之间的联系形式发生了变化，但是传统的人际联系本质依然是存在的。

村际之间的合作除了直接的互帮互助之外，还包括了一些信息的共享。这种信息共享机制对此地村民选择种植作物类型、外出打工就业以及其它经济活动存在影响。拿外出打工就业来说，在橡胶价格低迷的时候，本地的绝大部分外出务工青年的工作都是一样的，那就是外出做涂料。这是因为南打村的一个村民在20年前最早外出务工时所从事的工作就是搞涂料。后来的本地年轻人外出都从事类似的工作。这些外出年轻人都表示，别的工作都不会做，出去之后就跟着别的已经外出的村民或亲戚做涂料。

村庄之间的紧密联系，对于本地黎族群众之间的经济活动影响非常明显。就种植结构来说，如此地近些年所种植的牛百力[①]、树仔菜及青瓜等，历史上并不是传统的经济作物。甚至其中的有些作物因为并不是传统作物而有些水土不服，所以并没有能够持续的种植下去。但是它们被种植在很大程度上显然是受到了其他村庄的影响。

在本书中的三个村庄间，相互之间的合作是全方位的，存在于各个领域之中。生老病死等大事发生时相互之间的交往尤其重要，农忙时节的互助也十分普遍。在一些不太重要或者比较细小方面存在的相互联系与往来让笔者印象深刻。下面有两个例子可以用作证明。

1. 三村村民共同捕猎。2015年夏天，南门村民黄国生在自己的橡胶地里埋了一个野猪夹子，某天发现夹子不见了，就知道有野猪被夹并已经逃脱。他知道仅凭自己一人之力不能将猎物抓住，就打电话给南门村的男性村民（有四人），和兄弟村什守的两个人，后来又来了两个南

---

① 一种中药材。

打村的村民（二人）一起帮忙（因为这头野猪最后逃到了南打村的土地上去了）。大家合伙将其抓住之后就在老彭①的棚边杀了吃肉，拿出一条猪腿抵做酒钱。最后将剩下的猪肉每人分了两三斤带回家。

在这个事件中，三个村庄之间的合作关系从表面看似简单，但是从本质上来看又存在着不同的逻辑。南门与什守村民之间存在着兄弟血缘关系，相互之间的帮助就成为理所当然的，而南打村民对此次围猎事件的参与则主要是因为对于传统的遵循，即猎物已经逃窜到了对方的土地之上。对所获猎物分配方案的实施则是与传统有所不一致的，若是在以前，黄国生作为此次狩猎活动的最主要组织者，他就要获得更多的野猪肉。

2. 雅袁村民去南打村找对象。南门村民黄进全提到，在1990年左右，他已经到了谈婚论嫁的时间了，就准备前往南打村找寻合适的女孩做妻子。那时候还保存有传统的茅草房，女孩也有专门的房间（即"隆闺"）。什守村的黄进忠陪同他前往。但是女方并不愿意与其谈情说爱，其兄弟就在暗中投石袭击，打得黄进全嘴角流血，直到现在还有一个十分明显的疤痕。即便如此，黄进全回到家后并没有如实告诉家人，只是说路上不小心摔到而已。他说如果告诉家人实际情况极有可能会造成村庄之间的冲突。

不过这种冲突最终并没有发生，主要的原因在于两村之间存在着传统的通婚关系，相互之间的关系始终是和谐的。因此，即便有一些不愉快存在，潜在的危机也会被自身消解机制化解。比如在此过程中，南打村袭击者并不敢出面袭击、而只能是暗中偷袭；作为受害的黄进全这一方也没有把这种仇恨带给别的村民。双方对于破坏两村之间联系的后果是十分清楚的。也正因为如此，村际之间的通婚关系一直延续下去，黄进全后来找到的媳妇也还是来自南打村。

这十分生动地体现了三个村庄之间的关系，南门和什守是兄弟关系，互相帮忙，体现在帮忙找对象的事情之上；而南打村是一个通婚关系的村落。因此我们也可以看到村落联盟之间内部的关系并不一定是完全和谐的，也会存在着一定的危机，但是后者毕竟是偶然的因素，会被

---

① 老彭是保亭县一个农场的工人，在此地承包林地种植橡胶树。

主流的友好关系所化解。

二 村际间竞争关系

前面所呈现的这些故事说明了村际之间的紧密联系主要基于传统惯例之上。相反，在这个较为紧密的村庄集团之外，我们就可以看到比较明显的矛盾与冲突现象。同样是年轻人到对方村落去寻找配偶，南打村和毛道乡的另一个自然村南冲村之间就发生了非常严重的冲突。两村之间在这个事件之后关系一直没有明显好转。

南冲村是毛道行政村的一个村组，历史上和南打村也有一定的通婚关系，但最近几十年都没有通婚关系。这是因为，20世纪90年代南冲村的年轻人到南打村找老婆，前者吵吵闹闹惹得村中老人不能休息，因而挨了后者的严厉批评。前者就回自己村找了许多别的年轻人前往捣乱，朝着村里唯一的电视机扔石头，正聚在一起观看电视的南打村民有人被砸伤。南打村年轻的村民就奋起反击，与对方打斗了起来。后来政府抓走三个南冲的主要肇事者，并被判了重刑。双方之间从此就断了通婚关系。

这件事实际上和前述南门村黄进全去南打村找老婆是一样的，但是结果却截然不同。可见，找寻配偶的行为对于村庄之间的关系是有影响的，它极有可能是造成村际间不和谐关系的主要因素。但是具体会对村庄间关系产生何种影响与村庄之间本来已有的关系相关。应该说南打村和毛道南冲村之间的传统关系并不是"很铁"，因此冲突很容易就爆发了。而前述的雅衷二村和南打村之间本来就是最重要的亲戚通婚村落，因此本身即有一套化解危机、保持和谐的机制。

因为具有相同的文化背景，生活在传统地域社会中的人们从总体上来说是和谐相处的，并且相互之间联系十分紧密；作为地域社会的各个组成部分，每一个村庄之间都会互相帮助。但是，这种紧密关系并不意味着相互之间没有竞争。笔者这里所说的竞争关系和矛盾斗争显然不是一回事，后者只是前者的一种特殊状态而已。可以说，竞争关系从古至今都存在于传统杞方言黎族合亩制地区。

村际间的竞争关系表现在多个方面，其中在政治地位层面上的竞争是一贯的，即努力争取对本地域社会的主导权，使自己所在村落的政治地位高人一等；另一个层面则和自身所在村落的归属感有关，认为自己的村庄更值得别人尊敬。

费孝通在《乡土中国》中提出了著名的"差序格局"概念，在涉及人们对地域社会的归属感方面，这个概念显然也是适用的。即：在较宏观层次每个村庄作为地域社会的一员，人们归属感指向宏观的地域社会，整个杞方言黎族群体和哈方言黎族有明显的隔阂，但是在较微观层面上，人们的归属感又会指向较为微观的村落，即便同是杞方言黎族村落，相互之间也有所区隔。因此，在一个地域社会内部，村庄之间也会有一些张力，并表现为竞争性的关系。

但是，在一个人情社会中，地域社会的每个村庄、每个村民都是熟识的，竞争虽然并不一定表现为对抗，然而在面子上总是被认为是不合适的。因此，村庄之间、村民们之间的竞争性关系往往是心知肚明而非公开的，这种关系必须是十分微妙的。比如，为了村际之间传统的友好关系，至少在台面上不会互拆对方的台，而在其他场合则未必给对方面子。

在政治层面上，村庄干部资源的分配与竞争是比较重要的方面。在自然村（即村组）内部，村庄正副队长及妇女干部人选的确定，往往充满着内部的较劲。这种较劲和血缘关系的分支紧密联系。在南门村，自然村的正副队长就在村内的两个支系间产生。而在行政村层面上，村庄之间的竞争关系，就更为明显，这是因为大家都知道行政村是掌握着许多实质性资源的。政府下拨到基层的物质资源最后都要通过行政村来进行分配，因此如果在行政村没有自己的代言人就意味着很多资源会与己村无缘。

雅袁二村，曾经是作为毛道的附属存在的，隶属于后者。如今，雅袁二村仍然是毛道行政村的构成部分，上级政府部门基于平衡性的考虑，在行政村领导班子中会安排一定的名额作为它的代表。这个仅有的行政村领导班子的名额，一般会在南门和什守之间轮流产生。

与社会主流的看法一致，此地区的村民对干部怨言颇多，因为很多干部并没有真正地为他所代表的村民服务，而是为了自己的一己之私。在实践中，我们也确实可以看到这种现象的存在。比如在什守村，现任毛道村行政村村委会委员、前村组队长的黄理增就是村庄首富；前任毛道村村委会副书记、副主任的南门村黄进林在村中也是最为富裕的。据各自村民所说，他们都在当了村干部之后将上面的资源据为己用。

即便如此，虽然对村干部有意见，在谁能够当选干部，不论是行政村层面还是村庄内部层面，人们都会非常积极地参与。这是因为本地区人们具有较强的集体生活意识，有归属感的需要。在村内，村民会选择自己所在支系的村民为队长，而在行政村，绝大部分村民会把选票投给自己雅衷二村的候选人。如果有人违反了这个规则，就会被别人看不起，而感受到沉重的村庄压力。

村庄之间的竞争性的现象也多有发现。这在不属于同一行政区域的村庄间也是存在的。比较微小的就像春节期间行政村举办的村际间篮球比赛，只要时间允许，村民们都会骑着摩托前往行政村球场上观战。如果获得了好名次，就会大吃一顿。如果输给了对方村子，就会垂头丧气，表现出十分气恼的样子来。此外，只要有一个村子办了一个聚会，别的村子也会想办法集资举办，而且要比对方办得还隆重。近些年来几乎每个村都办过的姐妹回娘家会就是在这样的背景下产生的。

上述应该算是主动性的竞争，另一种则是比较消极的竞争方式，即"抹黑"式的竞争。笔者之所以要打上双引号，并不是因为这种行为是恶意的，而仅仅是一种手段而已，不属于实质性的具有伤害性质的做法。笔者在这些地方驻村时，每在一个村庄时，该村的村民很少说自己村的缺点，别村的不好却经常被提及，在列举一些不好的行为时也主要以别村为例子。

如在南门村和什守村之间，虽然总体关系不错，在一些重大事项上比较团结。但在互相评价上却有不少负面的内容，如什守村就认为自己村要比南门村团结，认为后者村民的风气不好，兄弟之间内斗厉害；而实际上南门村民对什守村的评价也是负面的。而关于南打村，雅衷二村村民的评价则是一致的，即认为对方不遵守老祖宗的规矩，主要是指南打村在十几年前开始部分接受哈方言黎族给死人立碑的做法。当然，这些负面评价总是相互的，作为违反了祖制的南打村民，则会为自己辩解，并指责别的村庄没有祖宗观念而缺少了人情味。

三 异常团结的村落群体

尽管在由三个村庄构成的村庄群体之间也会不可避免地存在和产生一些紧张关系，但是正如前面所谈到的，历史传统所承继和发展而来的友好且紧密村际关系使得其有独特的紧张消解机制，而不至于给村庄之间的关系带来十分明显的负面影响。

"打虎亲兄弟，上阵父子兵，"兄弟、亲属村落之间内部的紧张关系在面对外来力量冲击时会有所退让并促使大家拧成一股绳而共同对外。在与万冲哈方言黎族的交往中这个特点表现得非常明显，杞方言黎族群众往往会合力对付别人，甚至会与对方发生群体性的斗殴。在本地区，哈方言黎族行动的集团性显然不及传统合亩制地区的这些杞方言黎族。因之，笔者在调查中了解到，虽然在本地黎族的话语体系中哈方言黎族是非常凶悍并且会使用诸如放毒这样卑劣行径的人群，但是在导致人命的冲突案件中，被打死的却往往是哈方言黎族而不是杞方言黎族。这多少与本地黎族群众的聚合性有关。

在传统社会，这三个村落村民之间的交往基本上等同于全部的交往，在一个不太需要外部资源、十分封闭的地域社会中，建立在通婚基础之上的联系和交往就已经足够了。因此，他们的交往对象就是他们所能眼见的这个范围不大的地域社会，人们对集体的情感关注自然首先是家族和村落，然后就局限在这几个固定的村落群体之上。这就是为什么此地村民之间的情感是融洽的，相互之间的认同和归属感都很强，即便有些紧张也会被自身机制所消解的原因。

实际情况也的确如此，本地群众之间的交往关系大部分局限在这几个村落之间。有几次由于有些村民不懂输入和保存手机号码而请笔者帮忙，就顺便了解了一下他们平时主要和谁联系的情况。在他们手写的通讯录上，百分之七十左右的联系人都是这三个村庄的熟人，其余的为外村的熟人和同学朋友。这基本上也体现了本地群众日常交往对象的范围。另外百分之三十的其他村落的联系人，对于维系基本的对外信息交流也已经是绰绰有余了，比如当农忙时节人手不够，只要拨通外村某一个朋友或者亲戚的电话，数量庞大的劳动力就会迅速前来。

在前往万冲等地逛街购买日常物品时，只要有条件人们一般都会一同前往。如果谁因为有必须前往万冲的事务（比如购置农药）时，出发的时候可能是一个人，但是在抵达目的地的时候整个三轮车上都已经坐满了人。这是因为在一路上许多本村的和邻村的村民纷纷上车一同前往。在这里，搭便车不仅是对搭车人的恩惠，对主人来说也是一种乐趣而非负担。如果在市场上遇到了另外两个村的人，就会十分自然地聚拢过去、打招呼，甚至一起喝上一碗汤面。这种相互之间的亲密感很是奇特，因为事先并没有刻意的联系过，但是三个村庄的熟人最终总会在万冲镇上的某个地方聚齐。

第五章

"共同在场感"与紧密村际关系的形成

地域社会的整合是中观层面的一种效果，是政府或者政府代理人所祈求的。村际间的紧密联系与交往是实现地域社会整合的重要途径，但在具体的实践层面上它又是每一个村民个体在其日常的经济社会生活中所能达到的。在下文中，笔者将就微观层面上村落间紧密联系形成的具体细节展开研究，探讨在黎族合亩制地区这种关系是如何形成与维系下来的。

第一节 黎族社会的交往风习

黎族作为中国比较重要的一个少数民族，和许多别的少数民族一样，拥有较为鲜明的民族特色和传统。传统合亩制地区的黎族群众是非常知足常乐的，他们认为孤独和伤心的日子少，愉快和开心总是很多，这是因为黎族群众有相当多的聚会机会。当人们经常性的参与群体互动和群体生活，自然会非常乐观的生活下去。在笔者看来，该民族地区的传统风俗习惯对于维系和促成村落间紧密联系有积极影响，正是在这些一如既往的传统风俗习惯的影响之下，黎族基层社会人们的联系与互动成为常态，村庄之间的紧密联系与交往最终带来了地域社会的整合。

黎族社会的风俗与习惯是多方面的，表现在衣食住行、宗教社会生活各个方面，在前文中皆有述及。在本章中，将主要选取几个与论文主题直接关联的方面展开，其中最为重要的当属聚会与酒宴习俗。当然，随着时代的变迁和外来文化的进入，此地风俗习惯在形式上已经有所变化，但是从总体来看，一些核心的要素并没有随之消失，而是十分顽强地保留了下来。比如，本地黎族传统的合亩制习俗虽然基本消失殆尽，但是在一些特殊的家庭中会采用类似的传统做法。又比如，当地的农业互助现象也是一种非常普遍的传统做法。

一 弥漫着酒气和喧闹的村落

黎族人豪爽，直接表现为嗜酒，此为世人所知，在笔者看来杞方言黎族合亩制地区尤其盛行。此地黎族群众没有饮茶的习惯，而以饮酒替代。关于黎族社会的饮酒宴会，历史资料上记载："黎人无节序，每于十月一日至十日，正月元旦至上元，则群相聚会，吹角击鼓以为乐。或以木架鼓，置鼓其上，一人击鼓，一人鸣钲，跳舞欢呼，谓之跳鼓。择空地置酒数坛，宰所畜牛羊犬豕鸡鸭之类而烹之，男女席地杂坐，饮以竹竿，就坛而吸，互相嬉闹，彼此交欢，尽醉为节。平日炊煮既成，或以木勺就釜取食，或以手捻成团而食，无碗箸焉。生熟黎同，生黎更不知烹宰，唯取牲畜用箭射死，不去毛，不剖腹，燎以茅柴，就佩刀割食。器皿皆椰壳或刳木为之，犹有太古之遗风焉。"[1]

在该地区，喝酒聚会的机会很多，大到红白喜事、小到子女生日，或者产子或者病愈，都要聚会喝酒。走在乡间小道上经常会看到有人带着糯米和自制米酒来来往往，这些人多是赶着去别村参加酒席聚会的。此地黎族群众每家每户都会酿制足够多的糯米酒，以待不时之需。如果有客人到来，就要杀鸡宰鹅甚至猪，摆酒设宴，以表示对客人的尊重与热情。民众之间相互走访过程中也时常提上一壶酒和一袋糯米前往。根据笔者的观察，村民不论男女、老幼经常饮酒甚至醉酒，处于昏昏然状态。笔者认为，这种状态与黎族人的原始宗教信仰有关。[2]

对黎族群众而言，喝酒是一种传统，他们从小就接受了这种传统与实践，因而酒量普遍由于得到锻炼而异于他人。所以在外人看来，当地群众主动饮酒居多。不过，按照笔者的调查并不是所有黎族群众都喜欢喝酒，也有些人表现出对饮酒习俗的憎恨。什守村黄永江就不止一次表

---

[1] 中国科学院民族研究所编印：《海南岛民族志》，1964年版，第5页。
[2] 王振威：《嗜酒习俗与原始宗教信仰的现代维系——以黎族杞黎地区为例》，《贵州民族研究》2014年第11期。

达这种意思，并准备把外出打工作为逃避的借口，但是对本地人来说这却是十分艰难的事情，因为他同时表示"戒酒就是戒朋友"。因此，在笔者看来，聚会饮酒主要不是因为黎族人好酒，而是此种习俗亦主要具有一种社会功能，那就是人情往来，即其交谊联络功能。

2012年12月，南门梁敬英记不清本月已经喝过几次酒了，村内酒席因太多太随意而无法统计，但村外的六次宴席还是勉强回忆起来，基本上每次都醉。一次是去毛道村，因本村的女婿入住新房①，包红包50元，南门每户人家都有代表过去；什守去了三次，一次是"欢乐酒"②；一次是给另一个小舅过生日；一次是看小舅（姐妹约好了去）。然后是去了万冲，喝酒缘由是黄成克的堂姐病愈回家，去的有小章两口子、才建和明纠，顺便逛街。最后一次是南打村的外甥娶媳妇，在南打村摆酒③，因为时间和前一个冲突，就只包了一个红包，没有亲自去。

笔者第一次④在南门村驻村并准备离开的前几天，由于之前笔者随口作过请他喝酒的承诺，黄德来老人几次提醒笔者兑现。黄德来年纪很大，看上去老态龙钟，但是仍然念念不忘喝酒的事情，本地爱喝酒之风可见一斑。这天下午，笔者和村内几个年轻村民一起到万冲镇上，买回来猪肉、鸡和鲳鱼，同时还买了10斤白酒。晚上正式开餐之后村民陆续到来，基本上南门老村的每户都来代表，围着桌子坐了满满一大圈。从晚上6点开始一直喝到凌晨，席间谈笑风生。其间黄仁春杀了一只鸡请大家一起吃；另外，因为事先准备的白酒不够喝，梁敬英就把自家的一缸糯米酒也拿出来喝完了。

在访谈期间，很多时候会由于访问对象临时接到喝酒信息而不得不中断。笔者总结出了经验，如果对方表现出烦躁不安的表情，或者不停地看手机上的时间，那一定是对方急着要去哪里喝酒了，这时就有必要主动结束话题，然后对方就会开心而且迅速地消失。今年61岁的黄文

---

① 入新房仪式可以办也可以不办，黄才建的房子搞了入房酒席的，其他村民都没有举办新房建成仪式。
② 地点在什守村，死者是她的舅舅。南门村只有她一人过去，因为举行"欢乐酒"仪式当天来的客人主要是嫁出去的姐妹，以及本村人，不会邀请别村人。
③ 新郎父亲是广东甸白人，和其母亲结婚后在番阳做生意。
④ 2012年1月。

德，1970—1976年做过电影放映员，1983—1996年间先后当了村组的副队长、队长。他告诉笔者头天中午去番阳信用社取钱回来路过南打村，在南打村的一个村民家里喝酒，喝得烂醉如泥，也不知道是怎么回到家的。第二天早上醒来之后就发现自己昨天才取出来的200元钱不见了，上衣兜里的65块钱只剩了5块钱。边说话边懊恼，但这丝毫不影响他下次接着喝醉。

　　在平时，亲朋之间的走动在此地比较频繁，这种相互交往有些是纯粹因想念而成，因而会有诸如已经出嫁的姐妹约好去看望娘家老人或者去别村看望她们的其他某个姐妹；更常见的原因则是由于有别的事务而顺便造访对方。如南门黄明纠帮黄陈克去毛道村将舅舅废弃的拖拉机开回来，在毛道村就由舅舅召集大家喝酒；南门村黄思明到毛道河钓鱼，路过南打村舅舅家，也由舅舅召集喝酒。对整个村子而言，有客人到访是一个大概率事件，即总免不了有某家的客人来到自己村中走访亲戚朋友。当主人宴请客人时，村中其他村民就会前往贺客，一起陪同吃饭饮酒。因此，对于村中各个家庭的男主人，尤其是有地位的男人比如队长来说，基本上每天都要在醉酒中度过。对当事主人来说，他们也希望其他村民前来陪客，这样更能体现自身在村中的社会地位。而极少数的村民因为平时和别人关系不好，在其设置宴席时，别人会找借口回避，这对主人来说是一种实际上的惩罚。

　　黎族群众对酒的依赖和需求，可以从当地人每年耗费在与酒宴有关项目上可窥见一斑。南门村村民黄仁春就说一年的胶片收入大半都是喝酒喝掉的，按照2012年户均橡胶收入5万元来算，在赴酒宴方面的开支就达2万余元，这的确不是一个小数字。当然，由于本地群众酿酒所需糯米皆为自己栽种，至少在酿酒原料上是不计算成本的，上述支出主要是附着在酒上的人情往来费用。对于酒的依赖同时也可以体现在各自村中几个小店的商品库存上，这些小店中最主要的货物就是散装白酒，因为平时最热销的就是这种乐东万冲镇上黎族人自制白酒，当糯米酒已经用完时，就需要购置这种白酒替代。而啤酒属于价格较贵的酒品，主要是年轻人购买。

　　在什守村，村民黄友忠自办了一个小型酒厂，专门酿制白酒。虽然黎族群众喜爱饮用糯米酒，但是糯米的产量毕竟是有限的，因为村民主要以种植普通水稻为主。而使用普通水稻制造的米酒味道十分苦涩，只能再将其加工制成白酒才适合饮用。因此该酒厂主要收购村民的普通水稻来制造白酒。一天要用掉几百斤稻谷，得到大致相等重量的白酒成品，或者运至万冲出售，或者在村中零售。酒糟则用以养猪，据说收益颇丰。

本书中的三个村庄以及周边的一些村落，由于在地理位置上主要皆沿着一条路分布，因此人们外出办事往返都会经过别村。雅袁二村如果往万冲或者番阳镇办事，必须路过南打村，如果往毛道乡政府或者去往五指山市区，则必然路过毛道六村。因此少不得要被中途拦截住，喝上几顿酒。而且一上酒桌就是别的村民一并前来。很多时候，有些人就因此而忘了正事，如在繁忙的割胶季节，村民在割完胶之后去喝酒，往往会忘记去收胶①。

村落中没有秘密，或者说消息很快就会为所有村民知晓，因此，凡是一户人家有客人来访，村中其他人自然会知悉并应传统和主人的期望而前去。一般来说，每户人家每年至少要三次酿造糯米酒，家中所储藏的酒足够应付偶尔的日常接待。然而，如果由于特殊的原因比如刚经历过婚丧大事，就会出现亏空，这时其他村民就要将自己的备用酒贡献出来。

在本地，妇女与男子在好酒方面没有太大区别，妇女的酒量和男人相当，甚至几天不喝酒她们就会觉得难受，而自然而然地会找到喝酒的去处。在南门村，有几个妇女十分喜好喝酒，每每有客人到访，都会前往敬酒，在客人行将离开时也会提着酒壶一路送到村口。还有人喝醉了会满地打滚，无法自已。

这些村庄虽然属于比较偏僻地区，但是并不像想象中的那般安静。平日在收割橡胶的日期，人们在深夜两点左右就要上山。而在农闲期，每个村庄中总有几户人家会直到半夜还在觥筹交错之中。村中的年轻人如果不是去镇上歌厅唱卡拉 OK，就是在自己家中聚集，买来几箱啤酒，边唱边跳，一直喧闹到凌晨，全然不顾其他村民是否睡觉。喝醉了则在

---

① 如果橡胶水不能当天收下来制成胶片，下雨后就做不成胶片，会因为品相不好而影响出售价格。

地板上一躺了事。

这仅仅是日常性的饮酒聚会场合，村中还经常会有一些较为大型的活动，每到这时整个村庄都会热闹起来，使得村庄和村民浸透在弥漫的酒味之中。这些大型的聚会活动主要包括能够计划的婚宴、姐妹回娘家会等，以及突然而来无法计划的丧葬仪式。婚礼和丧葬宴席往往能够持续几天几夜，附近村落的村民和远处村落的亲戚都会纷纷携带酒水和礼金前来赴宴。几十头猪和一两头牛会被消耗在酒席上。

除非在哀伤期①，黎族群众在酒席上都会借着酒兴唱歌作乐，喧哗热闹之声贯穿宴席始终。尤其在诸如此类聚会中，四面八方的亲朋好友都会前来，大家彼此敬酒聚会都显示了自己的热情和对对方的尊重之情。更为重要的，对于年轻人来说，这是认识同辈的机会；对年纪大的人来说则是彼此加强联系的机会。在将来的某一天，这种关系会在另一场聚会中重现。

二 频密不断的人情往来

人情往来是中国人的优良习惯，对于传统合亩制地区的黎族群众来说，人情往来之风尤其盛行。前述本地群众的嗜酒习俗多少也与频密不断的人情往来有关。此地与其他地区不同，甚至与毗邻的乐东哈方言黎族也有不同，即村落间的交往都是整体性的，是村庄对村庄的互动，也就是说如果一个村庄中有重要的宴席聚会，别的村往往会全家派代表或者整体出动。而在乐东哈方言黎族那里并非如此，他们更多的是家庭对家庭的互动。所以，对于此地黎族群众而言，一年之中所需要参加的聚会比别处要多。但是从另外一个角度来看，这些群众的日常生活比较丰富，不缺少相聚欢乐的机会。

在此地调查，随便问一个村民，他都很难准确地说出在最近一个月内参加过几次宴席了，因为参加聚会饮酒宴会对他们来说是非常常见及随意的事情，没有人会专门记载下来。对此地的黎族群众而言，经常走

---

① 即指从某一村民去世之日起，至某一天截止的时期，这段时间是所谓的哀伤期，村民是不能唱歌欢乐的。在此之后，专门举行"欢乐酒"仪式，此后哀伤期就结束了。哀伤期具体的期限在笔者所调查的三个村落是不同的，雅衷二村是从去世直至当年的最后一个月的十五日，而南打村则是从去世日至当月的最后一天。

在前往参加宴席的路上。在传统时代，交通条件远没有现在方便，人们主要凭借双腿步行，物品则通过肩挑背扛运输。在道路开通以后，摩托车成了每家每户的必需品，之所以如是说，与此地这种人情往来之风有关。交通便利后，人们仅需要很短的时间就可以到达目的地，并无需费太大的劲就把礼物送到了宴席主人家中。在乡间道路上，经常可以看到人们骑着摩托飞驰而过，坐在上面的乘客则提着各色物品，这就是去走亲访友的了。

　　人情往来社会交往的对象主要是亲朋好友，但是这种亲朋好友关系的建立方式是多种多样的。最主要的就是由婚姻关系的建立带来的两个当事家族的姻缘关系，正如前所说一对偶然结成的婚姻关系会成为两个村庄之间连接的线索，从此两个村庄就成了亲戚村庄，各个村民自然也就具有了这种亲密的关系。与之类似的，传统社会中个人之间的结拜关系及现代个人的同学或打工关系也会扩大为村落之间的结拜和朋友关系，南门村黄文德的父亲以前和乐东万冲三明的一个村民结拜为兄弟，如今南门村所有村民都和对方视为兄弟关系并有来往，当然因为万冲哈方言黎族并没有这种习惯，对方与南门的关系并不是全村性质的。对南打村来说，他们和万透村①历史上有结拜关系，这种传统延续到现在就是两村禁止通婚，且在村庄大型事务上有所互助，该两村的关系强度仅次于其与雅袁二村的关系。

　　好友关系往往带来了兄弟结拜关系，当然这种关系对现代人来说并没有以往那样严格，也有将各自关系限定在自身个别的意图。如曾任南打村队长的梁永华，因为将集体用地承包给一个大陆商人张某，最后两人成了朋友。但是他们对双方之间这种关系的看法和性质的界定并不相同。张某认为前者是自己的朋友，每次到南打村都会带上礼物直接到梁永华家，其他的村民他并不太关心，而对前者的儿子照顾有加。然而，梁永华则表示张某是南打村的朋友而非自己一个人的朋友，因此凡是村中有大事集资聚会时，张某也会前来参加，但是其交往的是梁永华而非整个南打村。

　　具体到人情往来交往的内容，在前文中已经提到，且在下文也会有

---

① 即本地人所称的番阳七队，简称"七队"。

所涉及，此处不赘述。值得再次强调的是，该地区的人情交往由于具有村庄整体性，即个别的村民之间的交往会被扩大为整体交往，因而此地村落间联系与交往的现象就表现出具有别处所没有的高频率特征。在笔者看来，这种高频率紧密交往实际上起到了将当事人浸淫在一种"共同在场"氛围中的效果，而正是这种"共同在场感"的构建与强化使得人们具有了"我们"的意识，也就是具有了群己界限。一旦有了这种意识，地域社会的整合就有了基于其上的基础。

第二节 "共同在场感"的构建

"共同在场感"的构建对于地域社会的形成来说是一种工具，后者的存在主要是通过前者的构建而达成的。虽然"共同在场感"从字面意义上来看具有相当的心理学色彩，但是这种所谓的感觉却是客观存在的，并且具有十分重要的客观效果。可以从另一方面来考虑，如果人们没有"我们"的感觉，没有对自身所在地域社会的归属感，该基层地域社会就会矛盾重重，更不用说是理想的整合状态了。在村庄层次，"我们村"与"他们村"之间的心理学区分机制是很自然的，因为同一村庄的人每天都在一起劳动和生活，但是作为范围超越村庄层面的村际间地域社会来说，"我们"与"他们"的区分就不是一件十分简单明了的事情了。笔者经过调查研究，发现在黎族社会中可以使用"共同在场感"这一术语来解释这一问题。在超越村庄层次的地域社会中，"共同在场感"是有效的群己界限形成机制。

简而言之，"共同在场感"就是一种居处于某一地域的社会成员有着经常或一直在一起的主观感受，或者更简单地说，就是人们可以经常和频繁的碰面。作为"共同在场感"的实现方式，最主要体现为本地区频繁的聚会酒宴习俗，正是这种习俗使得人们可以不断而持续地与其他村庄的成员保持交往。在人类学家看来，聚会宴席并不仅仅是为了满足饱腹功能，更主要则是它的社会功能。就此种风俗本身而言，它在黎族地区承载着社会生产再分配的功能，如礼金和礼品的收受即是此种表现；同时更为重要的便是社会交往功能了，即人们通过不断的聚会和互相之间的邀请，使得参与者之间始终处于不间断的交往与联系之中，如此频密的相互暴露对于建立相互之间的亲密关系自然意义非常重要。

本节下文将主要探讨该地区"共同在场感"是如何被构建出来的。

一 大型聚会

本地黎族群众的聚会酒宴非常多，而且主要多在平时。重要节日的聚会在笔者所调查的几个村子其实是不多的。在许多南方少数民族地区所重视的"三月三"节，在该地区并没有受到特别的重视。在历史上也没有重视"三月三"节的证据。但是本地黎族居民都知道这个节日，最主要的原因是政府在强化这个节日方面起到了积极作用，五指山市政府甚至在市区建立了一个以"三月三"命名的广场。每年的"三月三"节日这天，政府会在广场上举办跳舞活动。各地的黎族群众如果有时间就前去观瞻，但是笔者所调查村落的黎族妇女主要是参观而非参与。他们往往会约上自己所熟识的朋友一同前往。

与汉族地区一样，对本地黎族群众而言，春节是最重要的节日。从某种意义上来说，春节的重要性也因为政府和外部力量的推动得到了强化，比如春节期间全民放假，外出务工人员纷纷回家过年等。在春节期间，不论男女老少都要争取回家团聚。在正月初一这天，由于惧怕野鬼的存在，所有村民被要求聚在村中不要外出。因此，这一天村中每家每户都会摆上酒席，村民在家户之间相互走动，聚会喝酒。初二以后才可以外出。但是从整体上来看，春节期间黎族群众外出走亲访友是不多的，这与平日期间恰好相反。根据村民的说法，这是因为在过年期间走亲戚的开支比平时大，不但要给主人家每人包红包，还要出钱买菜接待对方。因此，除非家庭条件很好的家庭会外出走亲访友，普通的村民较少在春节期间走动。

最为热闹和隆重的聚会当属婚礼宴席和与丧葬相关的两个聚会即葬礼聚会和"欢乐酒"聚会。应该说这是最能反映黎族群众聚会宴席风俗的实践。婚礼是可以事先安排的，因而显得有条不紊，食品等聚会宴席所需物资主人也会做好充分的准备。而人们去世之后的丧事则往往是仓促的，但是因为有传统习惯可以遵循，实际上也并不会因突然而丧失条理性。至于"欢乐酒"仪式，是本地杞方言黎族地区具有地域特色的礼仪，即表示在从死者去世直至某一天的时间内，本村村民不能唱歌和娱乐，实际上就是特殊的"哀伤期"。在哀伤期的最后一天，主人通过举办一次宴席，在宴席上由本村最为年长的老人（通过唱歌）来解禁，以恢复正常的状态。至于哀伤期时间的长短，传统上是从死者去世当天算起至当年最后一个月即12月15日之前。但是在南打村，由于比其他村更接近哈方言黎族文化，其哀伤期已经缩短为从去世当天至当月最后一天。

在婚礼和葬礼聚会上，每逢这种场合周围各村基本上全村蜂拥而来，因此主人所在村落的每一个角落都会摆上酒席。而且往往要连办三天。在这些重要的聚会中，食物和酒水的来源很大一部分并非需要主人操心，因为前来参加宴席的人们所给予的物资和礼金是足够抵消开支的。在2013年暑假，南打村一位村民去世，其妻子娶自南门村。在去世之后，妻子与其至亲每户出一头猪，稍疏远的村民则五户集资买一头猪，共提供5头猪。在丧礼期间，死者家庭总共收到将近30头猪，糯米酒也有几百斤之多。在举办丧礼的三天，把收到的猪基本上吃光。由于此地有丧礼上所剩物品不能留至"欢乐酒"之后的习俗，因此会在此之前把所有食物消费掉，如果不能消费掉则会丢弃。实际上，的确造成了不少的浪费，颇有夸富宴的意味。此地的这类酒席，村中所有的男人都要出来帮忙杀猪杀牛，并由男人掌厨，而村中所有的妇女则以主人的身份向客人敬酒以示热情好客。她们往往分成几个方向敬酒。

作为婚宴酒席，人们自然是十分快乐的，更何况其间会有一些逗新娘的游戏，常常惹得人们哈哈大笑。人们先吃点米饭垫饱肚子，然后就开始推杯换盏，你来我往。丧礼虽然是严肃和悲伤的事情，但是伤心主要是对于死者家庭而言，对别的人尤其是来自外村的村民来说并不是特别伤心的，他们只是熟识关系而已。因此，在丧礼的酒席上，客人们也是可以相互敬酒的，人们在饮酒过程中自然会加深彼此之间的感情了。

至于"欢乐酒"仪式，参与者的范围限定在村庄内部，即所有村民以及嫁往外村的女儿（不包括女婿）都会在这一天一起聚餐喝酒，相比较于葬礼当天，规模较小，所需耗费也不多，如果丧礼上没有消费完的食物就在这一天之前消费掉。如果因为间距时间较长，就需要重新添置一些食物和饮料，这时出嫁的女儿女婿也同样可以买猪买牛送过来。

这些重要的酒席聚会从时间上来看可以延续三天，就单个的个人来说，可以从中午一直喝到第二天凌晨。因而我们会发现，虽然黎族人酒量都很大，但是在这些酒席之上很少有人不醉，也因此而避免不了借酒撒疯的，甚至会拳脚相向，但在酒醒之后则恢复原状。更加让人惊奇的是，他们在喝醉之后还照样骑车回家，似乎并不受醉酒影响，显然这和他们从小就习惯喝酒有关系。

二 日常生活中数不清的聚会

除了上述十分重要的聚会场合外，在本地黎族社会中更多的是日常生活中的社会交往与聚会。我们在前面已经说过，黎族是一个热情好客的民族，因此日常生活中相互之间的宴请也是十分频繁的。在笔者所调查的三个村落中，这种聚会虽然不起眼，但是数量最多且最经常的发生。笔者经常看到，南打村的女儿女婿今天在南门岳父家喝酒，明天又看到南门的外甥在南打的舅舅家吃饭，并且经常有主人家的兄弟或邻居共同在座。南门村和什守村由于是具有血缘关系的兄弟村落，相互之间仅有兄弟之情，因此相比较于姻亲关系带来的频密关系来说，反而是比较少的。

但这并不是说雅袁二村村民之间没有相互聚会饮酒的机会，只是说由于没有姻亲关系而在两村村民之间直接发生的聚会机会较少而已。事实上，两村之间共同聚会的机会也很多，不过是以间接接触为主，这是因为由于两村的通婚村落范围基本一致，所以亲缘关系所带来的社会交往也比较一致。在实践中，两村的男性村民在形式上还有可能是连襟关系，女性村民之间是姐妹关系，至于男性村民和女性村民之间除了正常的兄嫂、弟嫂关系之外还有可能是表亲或者是甥舅关系和姑侄关系。因此我们经常看到两村村民在其他村落的宴席上共同出现，尤其在南打村的宴席上更是如此。

当遇到某位病人痊愈时，大家就会前往探视以表示慰问，从参与人员的范围来看，这往往也是整体性的，即凡是与其存在姻亲和朋友关系的村庄会整体前往，只是在规模上可能会比丧葬和婚礼宴会小一些，因为这种场合每家户只要派一个代表就可以了。2012年南打村有一个村民因为喝酒过度导致身体虚弱被送到五指山市区医院住院一个星期，在住院期间一些至亲已经去医院看望过，治愈出院回家之后，其他村庄的村民都自发地提着酒、糯米和礼金前往，主人则要宴请客人喝酒吃饭，南打村的其他村民则出面帮忙做饭、敬酒。

另外，传统社会中村民十分重视小孩生日聚会，在笔者所调查的村庄中有两种孩子生日聚会，一种是满月；另一种是周岁生日。前一种由于小孩尚小，所办酒席规模较小，仅仅在村庄层次举办；而后者则要大办宴席，会大规模的邀请亲朋前来。当然对于小规模的满月酒，别村村民也可以前来参加。

聚会的需求是那么普遍，乃至于有了鸡毛蒜皮的好事也会喝酒庆祝。如在笔者驻村期间，就不止一次看到这种情况，有人用老鼠笼子捕了一些山鼠，当晚就喊上别的村民前来家中吃烤鼠肉，并呈上自家酿制的米酒。还有一次，南门村队长用铁夹子抓住了一只类似于果子狸的动物，他回到家就打电话给毛道村的外甥，让他晚上过来一起喝酒吃肉。这种行为不能不说体现出了村民的大方与豪爽。

用人类学的观点来看，聚会有其积极的意义，在其他的民族当中也有存在类似于"夸富宴"的实践。在笔者看来，聚会宴席最重要的功能应该在于建立起一种比较稳定的村际间联系，正是这种不间断的联系机会使得相互之间的关系得以不断的延续下来。

上述人们在获得食物之后大方的贡献出来与别人一起享用，从学术上来看就是一种所谓的资源共享机制。笔者认为这种资源共享机制是和本地的自然地理环境有关的。黎族主体生活在热带海岛，气温常年偏高，这给食物的储存带来了极大的困难。尤其对于熟食来说更是如此。对食物的最好处理办法就是很快消费掉。同时，从生理学的角度来看，人们对于蛋白质食物的需求又是必需的，人们必须经常的补充营养物质才能够更好地生活下去。频繁的聚会机会同时满足了这两个方面的要求。

日本学者早年也注意到该地黎族群众的宴会饮酒习俗，并且对该地频密的宴会聚餐有较为深刻的分析。他们认为，（对黎族人来说）牛肉、猪肉和鸡肉是无与伦比的美食，但在他们的社会，仅仅为了满足个人吃肉的欲望而宰杀牲畜却是不被允许的。他们有这样一个原则：人们欲望的满足必须以集体的形式来实现。他们只在特殊的场合，例如春节或者婚礼、葬礼、签订合同、举行驱鬼仪式时，宰杀家畜。这些场合或多或少带有宗教仪式的味道。在上述特殊的场合，亲戚们或者村民们聚集在成为宗教仪式中心的人的家里进餐。……由于这样的仪式要在同一个村落中频繁举行，而且每一次都非常盛大，程度与他们的财产状况极不相称。因此，尽管他们并不把家畜或家禽作为日常食品，但数量仍显不足。然而，即便如此，他们依然乐此不疲，其原因或许在于这些仪式可以促进彼此之间的连带感情。[1]

可见，在本地区之所以盛行聚会宴席文化，最主要的原因就在于其所具有的社会性功能，即它承担起了社会经济再分配和加强人际感情方面的功能，当然在笔者看来后者才是本书所要着重强调和研究的。

三 刻意制造出来的聚会需求

为了满足聚会宴席的需要，人们甚至"创造"出了一些节日聚会机会。如今在本地除了上述各种聚会外，村庄中还有一些作为舶来品的洋节日期间的聚会宴席。如父亲节、母亲节等，这些节日在本地黎族社会的传统中本不存在，但是在这里却被重视。父亲节、母亲节的过法有两种，即全村大摆酒席和小家庭范围聚会，这个主要由村干部来决定。如果选择了前者，那么全村嫁往外村的女儿和女婿（和未成年外孙）都要集资、携带酒水食物前来，全体村民与女儿女婿饮酒狂欢。如果不是大规模摆酒席，则各自女儿女婿来到娘家村落单独拜访看望父母，在父亲节给父亲同辈男性买礼物，在母亲节给妈妈与婶婶伯母买礼物，其他村民有时间也会参加宴席。在南门村和南打村，所有的成年男女性很多人都穿着一样的衣服，所不同的就是标号不一样。这些衣物一般就是晚辈在父亲节和母亲节时统一孝敬给长辈的。

还有一种是在此地区最近一些年十分盛行的"姐妹回娘家"会，它实际上与父亲母亲节类似，只不过它举办的时间一般是在下半年稍微空闲时期。截至2013年，南门、什守和南打村都分别举办过第一届"姐妹回娘家"会，有些别的村甚至举办好几届了。2012年11月，南门村

---

[1] ［日］冈田谦、尾高邦雄：《黎族三峒调查》，金山等译，民族出版社2009年版，第122—123页。

举办了第一届"姐妹回娘家"会。在决定要举办此次聚会之后，村民就会各自通知自己外嫁的女儿女婿，然后由本村兄弟每人集资200元，外嫁女儿集资100元，接着用集资的钱款买牛和猪，酒水则在当天由女儿女婿带来。一般的，在举办第一届"姐妹回娘家"会时，花费比较多，因为主办村会拿出一半左右的钱款购置聚会所需的餐具，如桌椅、茶壶、厨具等。这些物资最后会被标上"南门姐妹"的记号而成为村庄集体财产被村民所使用，对此后村庄举办大型聚会提供了极大便利。

在"姐妹回娘家"会上，主办村会从五指山市区或者乐东万冲镇上请来专门的摄像制作队伍。在仪式开始时，鞭炮声响起，鼓乐齐鸣，所有本村村民和在场的女儿女婿都会按照摄影师的要求，前者排列两边鼓掌欢呼夹道欢迎，后者则列队穿过"热情欢迎女儿女婿回娘家"的欢迎条幅之下，边行进边向两边招手。然后大家在事先备好的酒席旁坐定，由村主任和女婿代表发言，接着就进行宴会饮酒了。又是一个不醉不归夜。

被村民所利用的另外一个聚餐的机会则是三八妇女节了。在每年的3月8日这天，全体女性村民都会在妇女队长的召集下，每人凑份子钱（一般是20元）去镇上买些酒菜，下午就在妇女队长家搞酒席。专门用喝酒的方式来庆祝妇女节在其他地方是少见的，而在此地它成了一种村内妇女群体乃至村际间妇女联谊交往的独特机会。

2015年，在雅袁二村所在的毛道乡，全乡有近20人考上了各类高等学校，其中仅有的三个上了一本线的考生都是南门村和什守村的。有考上大学的孩子的家庭都会举办一次大型的聚会，这一波聚会的时间十分集中，往往是中午、晚上连轴转，可以说整个毛道乡的人们都在这几天因此而十分密集地流动起来了。有几次某个村子里面同时举行两个聚会，一个是结婚喜宴；另一个是升学宴，前去赴宴的村民在两个聚会之间奔波，当然礼金也要出去不少。

在笔者调查期间，印象最深的莫过于本地群众的互助行动了。当然，和互助相伴随的往往就是酒席。在笔者看来，传统的一些互助行为并没有太大的经济意义，而不过是被构建出来的一种需求，并通过这种需求的满足而达到一定社会功能的实现。该地区水稻插秧季节的村际互助现象非常明显的说明了这一点。笔者发现，"（合亩制地区杞方言黎族的生产性互助行动）其社会意义远重要于其经济意义。……这是一种'构建出来的需求'，用以实现其社会目标"①。笔者所指的社会目标显然就是当事人之间的友好互动。农业互助现象在很多时候并不是为了提高经济效益，而是为了提供一个加深联系与联络感情的机会而已。

日本学者也认为，该地群众在从事宗教活动时举行的宰杀牲畜仪式，除了宗教意义之外，也有一些宗教之外的意义，比如可以满足人们聚餐的需求，而实际上相互之间的聚会和情感联系是十分重要的一方面。"把驱鬼单纯的看作是迷信或者是奇特的习俗是错误的。那种只将其理解为单纯的迷信或者奇特的习俗的一般性解释，实际上等于没有对这种习俗进行任何的解释。……在当地黎族人看来，祈祷行为迄今为止已多次被证明是无效的。……以笔者之见，驱鬼仪式其实是一种强化他们彼此间关系的方法，同时带有慰问病人的意思。在驱鬼仪式中，重要的并不是祈祷师的祈祷，而是患者家的亲戚朋友，乃至全体村民，借驱鬼之名聚集在一起会餐、饮酒。也就是说，亲戚朋友以及全体村民，共同分担患者家的忧愁，通过分担忧愁来达到相互扶助的效果，这才是驱鬼的意义所在。可以认为，其真正作用在于，它是一种强化彼此间连带关系的方法"②。

第三节 村际交往的"整村"特征：形式亲缘关系

黎族社会的聚会文化习俗为人们建立起更为紧密的社会交往提供了一种机制，并为人们"共同在场感"的形成提供了契机。但是，频繁的聚会宴席也仅仅是提供形成"共同在场感"的可能性而已，而它最终能在多大程度上起到地域社会整合的作用还要看参与其中人们的广泛性如何。如在其他地区，聚会宴席虽然也并不少见，但是参加者的数量往往与主人自身的社会关系有关。在这种情况下，就谈不上"共同在场感"的构建乃至地域社会的整合了。

---

① 王振威：《"低效"但"有用"的黎族农业生产互助：被构建出来的社会需求》，《中南民族大学学报》（社会科学版）2015年第3期。
② [日]冈田谦、尾高邦雄：《黎族三峒调查》，金山等译，民族出版社2009年版，第233页。

而在合亩制杞方言黎族地区，村际间社会交往活动具有"整村性"的特征，即全体村民都会去参加另一个村庄的活动。笔者用"形式亲缘关系"来指称本地区村际交往的这种特征。正是由于"形式亲缘关系"的存在，使得各个村庄的村民能够更好地构建并融入"共同在场感"之中。

"形式亲缘关系"是笔者自己提出来的概念，用以表明本地区黎族村落间交往主体之间的紧密关系。之所以提出这个概念，是要和已经存在的"拟亲缘关系"有所区别，后者主要是指使用血缘亲属的关系将原本与自己没有血缘关系的人联系起来，这种关系的建立主要表现为亲属称谓的使用上。"拟亲缘关系"的使用主要应用在同一个村庄内部或者范围较小的区域内，比如外来户作为弱势人口要通过认亲的方式融入迁入村，如汉族地区的收养制度就是最典型的"拟亲缘关系"实践[1]。

而"形式亲缘关系"是在更大的范围来使用的。而且这两个概念所表达的意义有所区别："拟亲缘关系"一旦建立起来，双方主体就具有了类似血缘关系，并且按照真实血缘关系的原则来履行和承担起相互间的义务和责任；而"形式亲缘关系"并不如此，它强调的不过是"形式"，它更多表现在礼仪交往之中，因而并不意味双方存在实质性的权利义务关系。

一 "兄弟村落"

什守村和南门村即雅袁二村由于历史上本来就具有血缘关系，因而是事实上的"兄弟村落"，两个村庄之间是绝对禁止相互婚配的。一般的在同一个地域社会中，坐落期间的所有村庄都会以"兄弟村落"来相互指称，当然这并不一定是说这些村落有真正意义上的血缘联系，而只能是用以表示相互之间关系的亲密与友好程度。雅袁二村和南打村的关系就是如此，相互指认对方为"兄弟"，他们之间之所以联系紧密，主要原因是通婚村际关系，而非具有真正的血缘关系。

还有一类村庄，相互之间没有血缘关系，但是由于历史上有结拜关

---

[1] 当然，在本地黎族也存在着这样的实践：历史上一些"龙仔"就是通过这种方式融入"龙公"所在村落。在凉山彝族地区，头领的奴隶也要通过拟亲缘关系的建立进入社会。

系（包括认养关系），后代以兄弟关系来看待，并且以兄弟之仪相处，具体也表现为虽不具有生物学上禁止婚配的要素，但是亦不能相互婚娶。至于这种类别的友好"兄弟村落"间禁止通婚的现象，存在着多种可能性，对于一些大型且分为几大派系的村庄而言，绝对禁止通婚是不可能的，因为这样做就会使得可供选择的通婚对象范围大为缩小。所以在这些村庄中就会采用部分家族同另外村庄禁止通婚，而其他支系则不受限制。如南打村属于较大村落，分为三个支系，老大一支由于早年与番阳七队结为兄弟，所以至今不能婚嫁。而第二、三支则不受限制。又如，什守村黄永江所在家族与毛道行政村另一个村组南冲村就不能通婚，因为其爷爷早年由于饥饿去后者村中一户人家住了一段时间，根据笔者的推测实际上就是做了后者的龙仔，并结为兄弟关系。

在毛道地区，雅袁二村由于历史上自成一小峒，并且与毛道大峒为附属关系，因此，整个毛道地区的村落间关系从来都是相对紧密的，并以兄弟村落的形式一致对外。

二 普遍的"形式亲缘关系"

上述提及的因结拜和认养而形成的兄弟关系，在其他地方主要是以个别人和个别家庭的形式存在的，学术界称这种现象为"拟亲属关系"。然而，在本地黎族地区，个人与极个别的事务也会扩大为村庄间的集体性事务，因此结拜关系和认养关系就会在两个整体村落之间形成。村际之间因个别现象而扩大而来的关系就是"形式亲缘关系"。应该说，它其实是"拟亲属关系"在村庄整体层面上的扩展。结拜关系如是，婚姻关系也如是，即原先没有联系的村庄会因为一桩偶然的婚姻而成为友好兄弟村落，如南门村黄进余的姑姑嫁往离家几十公里的畅好乡某村，原先并没有来往的两村也因之而联系频密起来，两村村民大凡路过对方村，主人都会热情款待。

这种形式亲缘关系是全方位的，在很多方面发挥着效果和作用。当然，值得说明的是，我们所说的全面形式亲缘关系，并不是指不分亲疏一律同等对待，这是不可能发生的事情。在村落内部也存在着亲疏远近的状况，如所在家支不同，自然对自身所处家支亲属更为友好，亲兄弟与堂兄弟相比又有所不同。村际之间也是一样的，虽然两村之间是通婚的兄弟村落，雅袁二村村民和南打村村民也并不是完全平等的兄弟和亲属关系，更为紧密的交往主要发生在直接的通婚家庭和支系中。事实上，平时的日常交往也主要发生在这些村民之间。但是在至为重要的婚礼和丧葬仪式上，形式亲缘关系就十分明显地表现出来了；在这种场合下，不论亲疏，只要是有一点点关系，都整村或者至少每家每户派代表一起参加对方所举行的活动。至于村际间交往的这一特点为什么会存在，在后文还会具体述及。

形式亲缘关系的存在当然也主要是通过参与聚会和酒宴来体现，在这些紧密联系的村落之间，只要是发生了来往，第一件事就是喝酒聚会。从某种意义上来说，"形式亲缘关系"是地域社会紧密村落联系的一种表现，当然也是"共同在场感"构建的一个机制。"形式亲缘关系"形成的同时就是在完成"共同在场感"的构建。"形式亲缘关系"现象的存在使得村落间的整体联系得到加强和变得普遍，因此每一个作为村落社会构成分子的所有个别村民都会在村落整体交往的过程中有了"共同在场感"，并且对自己所在的地域社会有了强烈的认同和归属意识。有"共同在场感"的人们，就会有"同类"的意识，就会相互支持和相互帮助，共同抵御外部压力。

三 形式亲缘关系的组织基础："做头"制度

在笔者刚刚进入调查对象所在区域时，虽然一开始即已隐约觉察到此地区村际之间的联系不是一般的紧密，并且也发现了这一地区的嗜酒习俗、酒宴聚会对于村际之间的紧密联系所起到的重要作用。但是对于为什么单个的偶然的村民间联系会扩大为整村之间的联系，也即为什么会形成前述"形式亲缘关系"缺少本质性的认识，而只是在表面上看到了此种现象的存在而已。

经过长时间的蹲点调查，笔者发现此地"形式亲缘关系"的形成有十分有趣的一套逻辑，实际上它与传统合亩制地区的历史传统有关。在传统合亩制时期，村庄间（实际上大部分情况是每村一两个合亩）的联系与交往主要表现为合亩间的联系，其中又以亩头为代表带领亩众一起前往处理相关的村际间交往事务。因为每个合亩在进行劳动成果分配的时候，会专门提留一部分公共粮食，用作对外交往的物资所需，这些公共粮食或物资由亩头保管。在传统时期，合亩间、村庄间的联系其实就是亩头间的联系。

合亩实际上就是一个个大的家庭，合亩间的交往在形式上是整体性的。构成合亩的小家庭由于没有足够多的对外交往资源，必然要在大合亩的名义下开展对外交往活动，这就使得单个成员的对外联系会被扩大为村际间的联系。在中华人民共和国成立以后，合亩制度不复存在，亩头的职能被生产队长所取代，村际间交往组织者的角色也被生产队长所承继。但是在改革开放政策实施之后，传统的合亩制、亩头和拥有大量资源的生产队长都已经成了历史，代之而起的是一个一个的小家庭。非常幸运的是，虽然传统合亩的集体性行动没有了，但是集体行动的传统却被很好地保留了下来。这种历史的传统习俗在今天就表现为黎族群众自己所说的"做头"机制。

如果在存在友好交往关系的其他村庄中有任何大事发生，在接到对方的通知之后，本村就会由主要的关系人出面召集其他村民一同前往参加交往活动。可见，在传统合亩制时期由亩头承担的召集人的角色如今已经不再固定于某个人了，既不是村庄的干部也不是村庄的老人。比如，南打村有一个村民去世了，他是嫁自该村的南门村民梁敬英的侄子，他们的关系属于至亲关系，两村之间的关系也因为许多这样的个别联系而成了两村整体性的"形式亲缘关系"。南门村所有的村民都要遵循传统去参加这次的丧事活动，他们会在梁敬英的组织下一同前往，后者被村民称作"做头"的。"做头"者因为和死者是至亲关系，她就需要或者和别的姐妹合伙买牛，或者单独买一头猪前往。其他的普通村民则只要在现场给少量的礼金即可。当然，由于雅衷二村和南打村属于最为亲密的通婚村落，因此可以承担起"做头"角色的村民为数不少。正因为如此，在南打村这次丧事过程中，死者家属总共接受了20头猪，其中南门村就占了5头，什守村民亦占有相当数量。

在丧事礼仪结束之后，死者方面一般会按照"做头"者所赠送物资的价值回馈几斤猪肉带回。回家之后，"做头"者马不停蹄又要开始在家忙碌起来，因为他还有把今天一起前去参加葬礼的村民喊回家再一次聚会的义务，以感谢大家对他的支持与重视。刚好可以把对方退回的一部分猪肉一起消费掉，所需要的酒水则由"做头者"承担。如果死者家属忘了给"做头"者回馈猪肉，后者就需要在回家的路上专门到乡政府菜市场花不少钱买些猪肉回来，或者宰杀自己家养的鸡鸭做下酒菜来招待大家。

诸如其他的对外交往活动也遵循这一原则，即都会有一个"做头"者负责某一次对外活动的召集工作。只是在葬礼仪式上这种现象表现的更加突出而已，因为在丧葬聚会仪式举办过程中，整体上而言是比较朴素简单的（不论在菜品的质量和数量上都是如此），再加上本地葬礼上不吃米饭的习俗，因而回家之后还需要聚餐一顿。而在婚礼等仪式举行过程中，主人所提供的食物充沛，因此在结束之后就没有必要重新聚餐了，但是召集人的角色却是一定存在的。其他参与者要服从"做头"者的安排。

由于村民们对外交往存在着一定的差异性，因此每个村民都有可能会成为某次活动的"做头"者。一般每一个正常的村民都会积极主动的参与到"做头"者村民所召集的对外交往活动中去，以便给当次的"做头"者足够的面子。不然的话，当下次轮到自己成为"做头"者时，得不到别人的响应，自己就会十分尴尬与难堪。

很显然，这和传统合亩制时期由亩头主导的制度安排存在着十分明显的继承关系。正是这种机制，使得个别的交往能够扩展为整体上的村落间联系，"形式亲缘关系"这样的亲密联系也得以建立起来。居处在这些联系中的所有成员因之而有了持续不断的"共同在场"机会。地域社会整合所必需的村际间紧密联系也成了可能。

第六章

结　论

一　村际关系发生了形式而非本质的变化

韦伯在谈到人类行动合理性的时候，提到了价值理性和工具理性的问题。价值理性也被称作实质理性，是指"通过有意识地对一个特定的行为——伦理的、美学的、宗教的或作任何其他阐释的——无条件的固有价值的纯粹信仰，不管是否取得成就"[①]。价值理性所强调的是人们对自身幸福的把握以及较高质量的精神生活。而工具理性则是指行动者为了追求功利达到预期目的而被使用的理性，其往往从效益最大化角度来考虑问题，而漠视人的情感和精神价值，人们也较少感到自身尊严的实现。在韦伯看来，工具理性是人类理性进步的一个必然结果，其最重要的一个表现即是现代科层制组织的出现。

中国正处在现代化的进程中，该进程给我们带来了非常丰硕的成果，让我们的生活更加方便快捷。但是现代化过程从哲学层面上来看，实际上是一个工具理性的过程，因而在实践中往往也会出现一些问题，其中就包括对人的情感和精神追求方面某种程度上的漠视。这也可以用来解释当前在某些基层社会中人们精神空虚和道德滑坡的现象。应该说这种情况会随着现代化进程的推进而有所增多，这就需要引起我们的注意，并研究和寻找有针对性的解决办法。

本书所调查和研究的杞方言黎族社会或许可以为上述问题的解决提供一种参考和借鉴。本地区黎族群众从经济状况来看并不是很富裕，而

[①] [德] 马克斯·韦伯：《经济与社会》（上卷），林荣远译，商务印书馆1997年版，第56页。

且仅有的一点收入也基本上被花光在饮酒聚会之上，但正是这种传统的生活方式使得人们的日常生活丰富多彩，从来不会感到孤独。他们的精神生活是丰富的，自身的价值和尊严在人们的社会交往过程中得到了实现。任何一个村民即便是非常微不足道者也会在普遍的村际间交往中得到重视而非漠视。

从理论上来说，社会变迁是绝对的，对杞方言黎族合亩制地区社会变迁的考察也说明了这一点。传统痕迹尤其是外显的组织和制度传统在现代黎族社会已经不是很明显了，以至于研究者需要刻意地调查与追问才能够发现相互间的承继关系。甚至从表面上来看当今的社会文化与传统时期的文化发生了类似断裂的现象，即人们对自己民族的历史感十分遥远和迷茫。不经过仔细的历史的梳理与联想，人们很难想象在该地区曾经存在过极具有原始色彩的生产生活方式。

不过，应该说这种较为彻底的变迁主要发生在经济生产方式和政治生活组织方式方面，而在宗教和社会生活等其他方面虽然也发生了较大的变迁，但这种变迁更多表现在形式上，相比较而言后者在现代农村生活中还能较容易觅得它的踪迹。通过长时间的驻村观察，对比之前已有的调查资料，我们发现在杞方言黎族地区尚有合亩制等传统社会设置的一些影响与遗存，而在宗教、文化等社会生活方面传统文化的遗留则是十分明显的。当然随着外来文化的介入，使得本地区传统文化的发展方向发生了一些偏移，但在笔者看来合亩制地区人们之间的紧密联系与社会交往总体上仍然是传统的，也就是韦伯意义上的实质理性或者价值理性状态。

因此，在传统黎族合亩制地区，现代村际间关系形式上的变化大于本质上的变迁。从本质层面看，如今黎族村落间的这种联系和传统时代村落间联系具有高度的一致性，只不过在具体形式的表现上发生了变化。村落间联系一如既往的十分紧密，这种紧密联系形成的基础仍然主要建立在血缘和姻缘基础之上，在这些具有此类关系的村庄之间形成了准村落联盟，在一些涉及村庄和村民的大事小情上都会互相来往和支持。现代与传统之间的本质联系还体现在某些习俗的遵循之上，比如原始宗教信仰的存在、某些特定场合交往仪礼的注重等都是如此。当然，如前所述，如今对于传统习俗的遵循不可能和以往完全一致，在细节方面或多或少会产生一些变化。

二 现代村际关系模式源自传统的实践

在传统杞方言黎族合亩制地区，村际间的现代联系仍然是非常密切的，并且保持了传统村际间交往的本质特征，即每一个交往主体都得到足够的重视，人们在交往过程中获得心理上的愉悦和精神上的满足。村际之间的传统联系之所以能够在该地区得到保留和继承，首先与该地区较为闭塞的自然环境有关。该地在传统时代属于"生黎"，直到近代才开始真正接受外来文化的影响，即便如此，其对后者的接受也是十分有限的，因此直到 20 世纪 50 年代还保留着浓郁的习俗与实践。

20 世纪 50 年代以后，从经济生产方式来看，虽然法律规定了生产资料尤其是土地所有权归集体所有，这与传统合亩制时期的土地私有制[①]截然不同，但是由于生产经营方式并没有明显的变化，因而对杞方言黎族地区群众而言，前后两个时期实际上没有太大的不同。正因为如此，传统时代的习俗与实践也较少受到破坏性的影响，相对而言，汉族地区群众更加明显地感受到了实行集体主义制度之后前后两个阶段的天壤之别。

实际上，对本地黎族群众来说，让他们真正感受到传统得到撼动是在 20 世纪 80 年代以后。随着家庭联产承包经营制度在整个中国大地的逐步实施和推进，在海南黎族地区也进行了土地的承包到户改革，集体主义经营方式只有到这时候才真正地被一种新的生产经营方式即家庭经营所取代。因此，相较其他地区，本地真正的现代性实践不过三十余年，这也即意味着传统生产生活方式在这里维持了相当长的时间，至少在改革开放前，其所赖以存在的土壤并没有发生变化。也就是说，该地区传统社会生活的实践被打破是十分晚近才发生的事情，它要真正被改造成为韦伯意义上的工具理性社会尚还需要很长的时间。正是从这个层面上来看，本地黎族群众对于传统的遵循与实践是由于还存在着传统社会生活的习惯与记忆，它与传统社会具有历史传承关系。至少在可见的未来，传统的社会生产生活方式在该地区还会保持一定的历史惯性继续

[①] 合亩一般采用"私有共耕"的形式，即土地是私有的，但是大家一起共同耕作。

存在一段时间。

紧密的村际联系与交往是此地黎族群众的历史传统。在生产力落后、环境闭塞且恶劣的历史上，黎族先民通过制定较为复杂的地域性社会政治制度与组织方式，通过将生活在这一地区的人们有效组织起来，以应对各种各样的挑战。实践也已经证明，在落后的传统社会，这种村落间的准联盟行为是有积极意义的，村落之间的互帮互助为此地的黎族群众带来了生产生活上的极大便利。也正是因为它的有效性，使得其存在与延续具有了很强的合法性，乃至于在实行家庭承包制之后的一段时间，仍然在某些方面表现出了传统的特征。

当然，我们说该地区社会生产生活方式存在着历史的惯性即表现出传承性的特征，但是这种传统社会交往的本质特征也在慢慢地发生着变化。比如当大部分村民仍然将生活的重心放在村落或地域社会中的时候，有一些人已经将其放在外面的世界了；当绝大部分人还在倾其所有、热衷于地域社会人情往来的时候，有少部分人已经讨厌起习惯和习俗，并开始私心膨胀。这时候，传统就慢慢地消失了。只是，在当前的传统合亩制地区，传统完全消失的条件还不具备。

三　"共同在场感"造就了地域社会的整合

"共同在场感"是笔者在本书中提出的一个新概念。"共同在场感"的达成实际上就是理想的紧密村际联系与交往状态，因此"共同在场感"的构建方式即紧密村际联系甚至是准村落联盟的构建手段。社会成员间紧密联系的形成需要相互之间不断的社会交往与互动来实现并加以强化，村际间关系也需要类似的交往与互动，只不过村落间联系要通过作为个体的村民之间的联系来达到。

在传统黎族社会中，"共同在场感"的实践机制普遍存在。最主要的方式就是聚会和酒宴。按照社会学家涂尔干的理论，集体行动具有神圣性，在聚会中人群的聚集会让普通村民感受到集体力量的存在，人们会迷信这种力量、并视其为神灵[1]。其次则是相互之间在重要事件上的

---

[1] ［法］埃米尔·涂尔干：《宗教生活的基本形式》，林宗锦、彭守义译，中央民族大学出版社1999年版。

礼仪性往来，当然与之伴随的仍然是宴席场合。正是由于黎族群众这种喜聚的特征，使他们创造或者借用了很多机会来参加聚会和宴席。人们有很多机会相聚在一起，参与集体性的生活。这里所说的集体既指村庄，也指由各个小村庄构成的基层地域社会。在村际间的交往与互动中，往往是一个个的村庄集体参与到整个地域社会各个村庄之间的联系之中，相互之间的感情和联系也因之而得到加强，人们对地域社会的归属感自然就会越强。

另外，杞方言黎族社会的"形式亲缘关系"特征，即个别的私人关系会被扩大为整村之间的关系，整体的村落间联系也因之而变得越来越紧密。"形式亲缘关系"的形成主要源自本地历史上的村际交往传统。而在今天，这种传统仍然非常有效地通过一种特殊的方式传承下来，这就是由合亩制时期承继而来的"做头"机制。在传统合亩制社会中，普通的亩众没有太多的物质资源参与社会交往，就只能由掌握着足够资源的亩头带领亩众前往，在社会主义集体化时期则由生产队长承担这个角色。由村庄领袖主导的村际交往必然是整村性质的联系与交往，村庄间的联系就形成紧密的"形式亲缘关系"。

而到了今天，组织起来的集体化生活已经不复存在了，村庄领袖由于已经不再掌握集体资源而丧失了权威，"亩头"更是在历史的长河中消失得无影无踪。但是，村落之间社会交往的组织者并没有消失，它在新时期以新的形式出现了，用以完成传统时期本应由村庄领袖来完成的任务。这就是村民们所说的"做头"机制，即个别联系的主体作为每一次对外交往活动的组织者和召集者，在某一次与其有关的村际间交往活动中，他要承担起主要的物资付出，其他村民则作为普通参与者参加村际交往。

正是因为聚会和酒宴等习俗的存在，也由于"形式亲缘关系"的传统实践，相关交往村落中的人们经常处在相互熟识和交往的过程之中，使得当事人因具有"共同在场感"意识从而有了"自己人"的感受。这种感受对于外来文化和外人来说是具有比较明显的标示性和排斥性的。对一个并不经常出现在他们日常生活中的人，他们往往是高度警惕的，即便是偶尔进入他们圈子的外人也不会得到完全的接纳。因此，我们认为包括聚会在内的黎族社会习俗为本地区紧密的村际联系提供了存在的基础,其中主要的作用逻辑则是"共同在场感"的构建。

四 地域社会研究的新视角

在本书的理论综述部分,已经回顾了基层地域社会研究的几种范式。其中施坚雅和弗里德曼关注的焦点集中在地域社会的形成及其特点方面。前者认为中国社会是由一个一个的基层市场所构成的,而后者则在其研究中指出宗族系统和宗族网络在地域社会形成中的主要作用。黄宗智和杜赞奇更关心地域社会是如何与更为宏观的国家与社会联系起来的,前者从基层地域社会中的经济关系出发,后者则用"文化的权力网络"概念来研究该问题。

这几种研究范式是理解中国地域社会的不同路径和方法,在各自的研究地区应该是具有强大解释力的。但正是由于各自理论提出所依据的地域以及研究角度本身的不同,其解释力的有效范围还是有所限制。毕竟中国是一个幅员十分辽阔的国度,在其中存在着太多的异质性了。因此,当我们把上述的某一种研究范式套用在别的地域社会,就会出现解释力变小的情况。

由于当前的各种地域社会研究范式存在上述的问题,促使学术界去思考是否存在着将各种研究范式进行综合的可能性。目前已经有一些学者做了相关的工作,其中朱炳祥教授的工作卓有成效。他提出应该从整体上来解决这个问题,即分析地域社会构成的普遍性原则,"将人类实践活动看作是地域社会构成的基本动力"[①]。用"实践活动"这个概念来解释地域社会的形成,显然是十分正确且无可挑剔的。这是因为"实践活动"作为一个哲学色彩浓厚的术语,具有高度的概括性和抽象性。也正是由于这一特点,在较为具体的操作层面上来理解和使用它还是存在着一定的难度。

基于此,笔者认为"共同在场感"这个概念的提出在某种程度上也算是解决这一问题的努力,希望能够为学术界综合各种地域社会研究范式提供一种借鉴和参考。简单地说,"共同在场感"就是指人们因为共

[①] 朱炳祥:《地域社会的构成:整体论的视角——以摩哈苴彝族村和周城白族村为例》,《中南民族大学学报》(人文社会科学版)2011年第3期。

同参与某些社会交往而生发出来的对共同体的归属感。这一概念的具体指向性更为明确，也更容易被理解。地域社会的形成和整合主要通过"共同在场感"的构建来实现。这个概念对基层地域社会形成的解释力不仅仅适用于黎族，也适用于解释中国其他地域社会的整合现象。

笔者认为，地域社会整合的最显著效果就是使处在同一地域社会的人们有"我们"的意识；在一个成员普遍具有强烈归属感的地域社会中，人们往往行动一致、关系和谐，即便有些紧张关系也会被自生的调节机制所消解，这在本书所研究的杞方言黎族合亩制地区已经得到印证。而"共同在场感"则正是达成"我们"意识和强烈归属感的方式和手段。

因此，地域社会能否实现整合在于本地区是否存在"共同在场感"的建构机制与方法。只要存在某种形式的"共同在场感"建构机制，处于其中的人们就会有大量的机会进行互动交往；在这一过程中，人们就会产生用以区分异己的"我们"意识。在传统杞方言黎族合亩制地区，聚会与酒宴承担起了构建"共同在场感"的任务。

但是在不同的地区，被使用来构建"共同在场感"的具体方式却是不同的。如施坚雅所谓的"基层市场"实际上也是一种地域社会的特殊形式，在基层市场内部，人们通过"赶集"这样的市场活动制造出"共同在场感"来增强参与其中的人们对地域社会的认同。而在弗里德曼的理论中，地域社会以"宗族社会"的形式存在，虽然地处不同村落但是具有相同血缘关系的人们通过祭祖联宗的方式紧密联系在一起，正是基于相同血缘关系的基础之上，同宗族的人们也经常性地处于"共同在场感"的影响之下。

参考文献

一 论文类

1. 期刊论文

［1］蔡骥：《地域社会研究的新范式——日本地域社会学述评》，《国外社会科学》2010年第2期。

［2］常东亮、董慧：《论转型社会境遇中的社会交往与社会活力》，《理论导刊》2012年第1期。

［3］陈俊杰、陈震：《"差序格局"再思考》，《社会科学战线》1998年第1期。

［4］邓大才：《超越村庄的四种范式：方法论视角——以施坚雅、弗里德曼、黄宗智、杜赞奇为例》，《社会科学研究》2010年第2期。

［5］董鸿扬：《论开放式社会交往》，《宁夏社会科学》1988年第2期。

［6］段友文、卫华才：《乡村权力文化网络中的"社"组织研究——以晋南万荣通化村、荣河村和河津西王村为例》，《民俗研究》2005年第4期。

［7］苟天来、左停：《从熟人社会到弱熟人社会：来自皖西山区村落人际交往关系的社会网络分析》，《社会》2009年第1期。

［8］桂华：《论村庄社会交往的变化：从闲话谈起》，《中共宁波市委党校学报》2010年第5期。

［9］桂榕：《回族农村的"权力文化网络"——云南沙甸和谐社会的政治人类学研究》，《云南民族大学学报》（哲学社会科学版）2009年第4期。

［10］贺雪峰、仝志辉：《论村庄社会关联——兼论村庄秩序的社

会基础》,《中国社会科学》2002 年第 3 期。

［11］贺雪峰:《行动单位与农民行动逻辑的特征》,《中州学刊》2006 年第 9 期。

［12］贺雪峰:《论乡村社会的秩序均衡》,《云南社会科学》1999 年第 3 期。

［13］贺雪峰:《人际关系理性化中的资源因素——对现代化进程中乡土社会传统的一项评述》,《广东社会科学》2001 年第 4 期。

［14］贺雪峰:《熟人社会的行动逻辑》,《华中师范大学学报》（人文社会科学版）2004 年第 1 期。

［15］贺雪峰:《中国传统社会的内生村庄秩序》,《文史哲》2006 年第 4 期。

［16］胡荣、林本:《社会网络与信任》,《湖南师范大学学报》2013 年第 4 期。

［17］黄涛:《村落拟亲属称谓制的社会功能》,《社会科学研究》2003 年第 6 期。

［18］黄忠怀:《20 世纪中国村落研究综述》,《华东师范大学学报》（哲学社会科学版）2005 年第 2 期。

［19］嘉日姆几:《云南小凉山彝区村落空间生成研究——与杜赞奇"权力的文化网络"之理论对话》,《民族研究》2012 年第 1 期。

［20］蒋逸民:《西方社会学视野中的"和谐社会"及其启示》,《华东师范大学学报》（哲学社会科学版）2010 年第 4 期。

［21］李慧凤、蔡旭昶:《"共同体"概念的演变、应用与公民社会》,《学术月刊》2010 年第 6 期。

［22］李丽媛:《民间社会中的拟亲属关系研究》,《西北第二民族学院学报》（哲学社会科学版）2007 年第 1 期。

［23］李强、邓建伟、晓筝:《社会变迁与个人发展：生命历程研究的范式与方法》,《社会学研究》1999 年第 6 期。

［24］李善峰:《20 世纪的中国村落研究》,《民俗研究》2004 年第 3 期。

［25］李伟民:《论人情——关于中国人社会交往的分析和探讨》,《中山大学学报》（社会科学版）1996 年第 2 期。

[26] 林少敏:《从"乡土"走向"现代"——中国农村社会秩序的变迁与选择》,《东南学术》1999 年第 6 期。

[27] 林拓:《地域社会变迁与民间信仰区域化的分异形态——以近 800 年来福建民间信仰为中心》,《宗教学研究》2007 年第 3 期。

[28] 刘朝晖:《村落社会研究与民族志方法》,《民族研究》2005 年第 3 期。

[29] 刘玉照:《村落共同体、基层市场共同体与基层生产共同体——中国乡村社会结构及其变迁》,《社会科学战线》2002 年第 5 期。

[30] 刘志伟:《地域社会与文化的结构过程——珠江三角洲研究的历史学与人类学对话》,《历史研究》2003 年第 1 期。

[31] 麦思杰:《风水、宗族与地域社会的构建——以清代黄姚社会变迁为中心》,《社会学研究》2012 年第 3 期。

[32] 毛丹:《村落共同体的当代命运:四个观察维度》,《社会学研究》2010 年第 1 期。

[33] 乔志强、行龙:《近代华北农村社会变迁当论——兼论地域社会史研究的理论与方法》,《史学理论研究》1995 年第 2 期。

[34] 史建云:《对施坚雅市场理论的若干思考》,《近代史研究》2004 年第 4 期。

[35] 汤汇道:《社会网络分析法述评》,《学术界》2009 年第 3 期。

[36] 王爱平:《权力的文化网络:研究中国乡村社会的一个重要概念——读杜赞奇〈文化、权力与国家〉》,《华侨大学学报》(哲学社会科学版) 2004 年第 2 期。

[37] 王春光等:《村民自治的社会基础和文化网络——对贵州省安顺市 J 村农村公共空间的社会学研究》,《浙江学刊》2004 年第 1 期。

[38] 王庆成:《晚清华北的集市和集市圈》,《近代史研究》2004 年第 4 期。

[39] 王守恩:《山西乡村社会的村际神亲与交往》,《世界宗教研究》2012 年第 3 期。

[40] 吴春梅、石绍成:《文化网络、科层控制与乡政村治——以村庄治理权力模式的变迁为分析视角》,《江汉论坛》2011 年第 3 期。

[41] 许斌:《复兴:20 世纪 80 年代以来的中国村落社区研究》,

《北京科技大学学报》（社会科学版）2009 年第 1 期。

［42］杨福泉：《丽江古城的地域社会及用水民俗》，《云南民族大学学报》（哲学社会科学版）2009 年第 3 期。

［43］翟学伟：《熟人社会阻碍现代化进程》，《人民论坛》2006 年第 10 期。

［44］张存刚、李明、陆德梅：《社会网络分析——一种重要的社会学研究方法》，《甘肃社会科学》2004 年第 2 期。

［45］张和清：《主族控制下的族群杂居村落权力的文化网络视角》，《社会》2010 年第 2 期。

［46］张文宏：《从农村微观社会网的变化看宏观社会结构的变迁》，《天津社会科学》1999 年第 3 期。

［47］张文宏：《社会网络分析的范式特征——兼论网络结构观与地位结构观的联系和区别》，《江海学刊》2007 年第 5 期。

［48］张文宏：《中国农村的微观社会网与宏观社会结构》，《浙江学刊》1999 年第 5 期。

［49］张文宏：《中国社会网络与社会资本研究 30 年》（上），《江海学刊》2011 年第 2 期。

［50］张文宏：《中国社会网络与社会资本研究 30 年》（下），《江海学刊》2011 年第 3 期。

［51］张原、汤芸：《传统的苗族社会组织结构与居民互惠交往实践——贵州雷山县苗族居民的礼仪交往调查》，《西南民族大学学报》（人文社科版）2005 年第 2 期。

［52］郑卫东：《国家与社会框架下的中国乡村研究综述》，《中国农村观察》2005 年第 2 期。

［53］周天游、葛承雍：《中国社会史研究的新趋向——"地域社会与传统中国"国际学术会议综述》，《历史研究》1995 年第 1 期。

［54］周星：《文化遗产与"地域社会"》，《河南社会科学》2011 年第 2 期。

［55］朱炳祥：《"农村市场与社会结构"再认识——以摩哈苴彝族村与周城白族村为例对施坚雅理论的检验》，《民族研究》2012 年第 3 期。

[56] 朱炳祥:《地域社会的构成:整体论的视角——以摩哈苴彝族村和周城白族村为例》,《中南民族大学学报》(人文社会科学版) 2011 年第 3 期。

[57] 朱炳祥:《继嗣与交换:地域社会的构成——对摩哈苴彝村的历史人类学分析》,《民族研究》2004 年第 6 期。

[58] 庄孔韶、方静文:《人类学关于社会网络的研究》,《广西民族大学学报》(哲学社会科学版) 2012 年第 3 期。

二 著作类

1. 中文类

[1] 安华涛、唐启翠:《"治黎"与"黎治":黎族政治文化研究》,上海大学出版社 2012 年版。

[2] 包亚明:《现代性与空间的生产》,上海教育出版社 2003 年版。

[3] 曹锦清:《黄河边的中国:一个学者对乡村社会的观察与思考》,上海文艺出版社 2000 年版。

[4] 段友文:《黄河中下游家族村落民俗与社会现代化》,中华书局 2007 年版。

[5] 费孝通、张之毅:《云南三村》,社会科学文献出版社 2006 年版。

[6] 费孝通:《江村经济:中国农民的生活》,商务印书馆 2003 年版。

[7] 费孝通:《乡土中国·生育制度》,北京大学出版社 1998 年版。

[8] 冯天瑜:《中华文化史》,上海人民出版社 1990 年版。

[9] 符和积主编:《黎族史料专辑》,南海出版公司 1993 年版。

[10] 符和积主编:《黎族史料专辑(续)》,南海出版公司 1994 年版。

[11] 干春松:《制度化儒家及其解体》,中国人民大学出版社 2003 年版。

[12] 高宣扬:《布迪厄的社会理论》,同济大学出版社 2004 年版。

[13] 龚鹏程:《中国传统文化十五讲》,北京大学出版社 2006 年版。

[14] 顾朝林:《中国城镇体系——历史·现状·展望》,商务印书

馆 1996 年版。

[15] 何清：《全球化与国家意识的衰微》，中国人民大学出版社 2003 年版。

[16] 贺雪峰：《乡村治理的社会基础：转型期乡村社会性质研究》，中国社会科学出版社 2003 年版。

[17] 贺雪峰：《新乡土中国：转型期乡村社会调查笔记》，广西师范大学出版社 2003 年版。

[18] 黄树民：《林村的故事：一九四九年后的中国农村变革》，素兰、纳日碧力戈译，生活·读书·新知三联书店 2002 年版。

[19] 金耀基：《从传统到现代》，中国人民大学出版社 1999 年版。

[20] 李培林：《村落的终结：羊城村的故事》，商务印书馆 2004 年版。

[21] 李强：《转型时期的中国社会分层结构》，黑龙江人民出版社 2002 年版。

[22] 李亦园：《李亦园自选集》，上海教育出版社 2002 年版。

[23] 李亦园：《人类的视野》，上海文艺出版社 1996 年版。

[24] 李银河：《生育与村落文化》，文化艺术出版社 2003 年版。

[25] 刘豪兴等：《农村社会学》，中国人民大学出版社 2004 年版。

[26] 刘怀玉：《现代性的神奇与平庸：列斐伏尔日常生活批判哲学的文本学解读》，中央编译出版社 2006 年版。

[27] 陆学艺：《内发的村庄》，社会科学文献出版社 2001 年版。

[28] 潘光旦：《潘光旦文集》，光明日报出版社 1999 年版。

[29] 彭一刚：《传统村镇聚落景观分析》，中国建筑工业出版社 1992 年版。

[30] 彭兆荣：《人类学仪式的理论与实践》，民族出版社 2007 年版。

[31] 钱穆：《文化与生活》，台湾世界书局 1969 年版。

[32] 全国人民代表大会民族委员会，广东省少数民族社会历史调查情况组编印：《海南黎族苗族自治州番阳乡、毛贵乡黎族合亩制调查（海南黎族社会历史情况调查资料第二册）》，1958 年版。

[33] 全国人民代表大会民族委员会办公室编：《海南黎族苗族自治州保亭县毛道乡黎族合亩制调查报告（初稿）（内部铅印）》，1957

年版。

[34] 司马云杰:《文化社会学》,山西教育出版社 2011 年版。

[35] 苏国勋、刘小枫:《社会理论的政治分化》,上海三联书店 2005 年版。

[36] 苏喆:《民间文化传承中的知识产权》,社会科学文献出版社 2012 年版。

[37] 陶立璠:《民俗学概论》,学苑出版社 2003 年版。

[38] 王铭铭、王斯福:《乡土社会的秩序、公正与权威》,中国政法大学出版社 1997 年版。

[39] 王铭铭:《村落视野中的文化与权力:闽台三村五论》,生活·读书·新知三联书店 1997 年版。

[40] 王铭铭:《社会人类学与中国研究》,生活·读书·新知三联书店 1997 年版。

[41] 王铭铭:《社区的历程——溪村汉人家族的个案研究》,天津人民出版社 1997 年版。

[42] 王铭铭:《溪村家族:社区史、仪式与地方政治》,贵州人民出版社 2004 年版。

[43] 王铭铭:《想象的异邦:社会与文化人类学散论》,上海人民出版社 1998 年版。

[44] 王铭铭:《走在乡土上》,中国人民大学出版社 2003 年版。

[45] 乌丙安:《民俗学原理》,辽宁教育出版社 2001 年版。

[46] 吴晓燕:《集市政治交换中的权力与整合——川东圆通场的个案研究》,中国社会科学出版社 2008 年版。

[47] 吴毅:《村治变迁中的权威与秩序——20 世纪川东双村的表达》,中国社会科学出版社 2002 年版。

[48] 许烺光:《宗族、种姓、俱乐部》,华夏出版社 1990 年版。

[49] 许欣欣:《当代中国社会结构变迁与流动》,社会科学文献出版社 2000 年版。

[50] 许倬云:《从历史看管理》,广西师范大学出版社 2005 年版。

[51] 阎云翔:《礼物的流动:一个中国村庄中的互惠原则与社会网络》,上海人民出版社 2000 年版。

[52] 阎云翔：《私人生活的变革：一个中国村庄里的爱情、家庭与亲密关系（1949—1999）》，上海书店 2006 年版。

[53] 于建嵘：《岳村政治：转型期中国乡村政治结构的变迁》，商务印书馆 2001 年版。

[54] 翟学伟：《人情、面子与权力的再生产》，北京大学出版社 2005 年版。

[55] 詹慈编：《黎族合亩制论文选集》，广东省民族研究所 1983 年版。

[56] 张思：《近代华北村落共同体的变迁——农耕结合习惯的历史人类学考察》，商务印书馆 2005 年版。

[57] 张意：《文化与符号权力——布尔迪厄的文化社会学导论》，中国社会科学出版社 2005 年版。

[58] 张紫晨：《中国民俗学词典》，浙江人民出版社 1985 年版。

[59] 折晓叶、陈婴婴：《社区的实践："超级村庄"的发展历程》，浙江人民出版社 2000 年版。

[60] 中国科学院民族研究所、广东少数民族社会历史调查组：《黎族简史简志合编（初稿）》，1963 年版。

[61] 中国科学院民族研究所、广东少数民族社会历史调查组编印：《海南黎族苗族自治州，黎族合亩制调查综合资料》（海南黎族社会历史情况调查资料第四册），1963 年版。

[62] 中国科学院民族研究所、广东少数民族社会历史调查组编印：《海南黎族苗族自治州，什玲等五个乡黎族社会经济调查》（海南黎族社会历史情况调查资料第三册），1963 年版。

[63] 中南民族学院本书编辑组：《海南岛黎族社会调查》，广西民族出版社 1992 年版。

[64] 钟敬文：《民俗学概论》，上海文艺出版社 1998 年版。

[65] 周荣德：《中国社会的阶层与流动：一个社区中士绅身份的研究》，学林出版社 2000 年版。

[66] 庄孔韶：《人类学通论》，山西教育出版社 2003 年版。

[67] 邹诗鹏：《实践——生存论》，广西人民出版社 2002 年版。

2. 译著类

［1］［德］斐迪南·滕尼斯：《共同体与社会》，林荣远译，商务印书馆1999年版。

［2］［德］马丁·海德格尔：《存在与时间》，陈嘉映、王庆节译，商务印书馆1996年版。

［3］［德］《马克思恩格斯全集》（第27卷），人民出版社1972年版。

［4］［德］马克斯·韦伯：《儒教与道教》，洪天富译，江苏人民出版社1997年版。

［5］［德］于尔根·哈贝马斯：《现代性的哲学话语》，曹卫东译，译林出版社2004年版。

［6］［法］埃米尔·涂尔干：《社会学研究方法论》，胡伟译，华夏出版社1988年版。

［7］［法］埃米尔·涂尔干：《宗教生活的基本形式》，林宗锦、彭守义译，中央民族大学出版社1999年版。

［8］［法］埃米尔·涂尔干：《社会分工论》，渠东译，生活·读书·新知三联书店2000年版。

［9］［法］布迪厄·华康德：《实践与反思——反思社会学导引》，李康、李猛译，中央编译出版社1998年版。

［10］［法］米歇尔·福柯：《规训与惩罚》，刘北成等译，三联书店2003年版。

［11］［法］米歇尔·福柯：《权力的眼睛：福柯访谈录》，严锋译，上海人民出版1997年版。

［12］［法］皮埃尔·布迪厄：《实践与反思》，李猛译，中央编译出版社1998年版。

［13］［法］皮埃尔·布迪厄：《文化资本与社会炼金术——布迪厄访谈录》，包亚明译，上海人民出版社1997年版。

［14］［法］皮埃尔·布迪厄：《实践感》，蒋梓骅译，译林出版社2003年版。

［15］［加］柯鲁克，［英］柯鲁克：《十里店：中国一个村庄的革命》，龚厚军译，上海人民出版社2007年版。

[16][美]爱德华·希尔斯:《论传统》,傅铿、吕乐译,上海人民出版社1991年版。

[17][美]彼得·布劳:《社会生活中的交换与权力》,李国武译,商务印书馆2012年版。

[18][美]戴维·波普诺:《社会学》,李强译,中国人民大学出版社2007年版。

[19][美]彼特·布劳:《不平等和异质性》,王春光、谢圣赞译,中国社会科学出版社1991年版。

[20][美]戴维·哈维:《后现代的状况:对文化变迁之缘起的探究》,阎嘉译,商务印书馆2003年版。

[21][美]戴维·斯沃斯:《文化与权力——布尔迪厄的社会学》,陶东风译,上海译文出版社2006年版。

[22][美]杜赞奇:《文化、权力与国家:1900—1942年的华北农村》,王福明译,江苏人民出版社2003年版。

[23][美]弗里曼等:《中国乡村,社会主义国家》,社会科学文献出版社2002年版。

[24][美]韩丁:《翻身——中国一个村庄的革命纪实》,北京出版社1980年版。

[25][美]黄宗智:《华北的小农经济与社会变迁》,中华书局2000年版。

[26][美]黄宗智:《长江三角洲小农家庭与乡村发展》,中华书局2000年版。

[27][美]克利福德·格尔兹:《文化的解释》,纳日碧力戈等译,上海人民出版社1999年版。

[28][美]克利福德·格尔兹:《地方性知识》,王海龙、张家瑄译,中央编译出版社2000年版。

[29][美]罗伯特·F.墨菲:《文化与社会人类学引论》,王卓君、吕遒基译,商务印书馆2004年版。

[30][美]马歇尔·萨林斯:《历史之岛》,蓝达居等译,上海人民出版社2003年版。

[31][美]曼瑟尔·奥尔森:《集体行动的逻辑》,陈郁、郭宇峰、

李崇新译，上海三联书店 1995 年版。

［32］［美］明恩溥：《中国乡村生活》，陈午晴、唐军译，中华书局 2007 年版。

［33］［美］摩尔根：《古代社会》（上），商务印书馆 1997 年版。

［34］［美］塞缪尔·亨廷顿：《变动社会的政治秩序》，张岱云译，上海译文书店 1989 年版。

［35］［美］施坚雅：《中国农村的市场和社会结构》，史建云等译，中国社会科学出版社 1998 年版。

［36］［美］威廉·哈维兰：《文化人类学》，瞿铁鹏译，上海社会科学出版社 2006 年版。

［37］［美］詹明信：《晚期资本主义的文化逻辑》，陈清侨等译，生活·读书·新知三联书店 1997 年版。

［38］［美］詹姆斯·斯科特：《农民的道义经济学：东南亚的反叛与生存》，程立显、刘建等译，译林出版社 2001 年版。

［39］［日］富永健一：《社会结构与社会变迁》，董兴华译，云南人民出版社 1988 年版。

［40］［台湾］杨懋春：《一个中国村庄：山东台头》，张雄、沈炜、秦美珠译，江苏人民出版社 2001 年版。

［41］［英］阿雷恩·鲍尔德温等：《文化研究导论》，陶东风等译，高等教育出版社 2004 年版。

［42］［英］埃文思－普查理德：《努尔人——对一个尼罗特人群生活方式和政治制度的描述》，褚建芳译，华夏出版社 2002 年版。

［43］［英］弗兰克·艾利思：《农民经济学：农民家庭农业和农业发展》，胡景北译，上海人民出版社 2006 年版。

［44］［英］拉德克利夫－布朗：《安达曼岛人》，梁粤译，广西师范大学出版社 2005 年版。

［45］［英］拉德克利夫－布朗：《原始社会的结构与功能》，潘蛟等译，中央民族大学出版社 1999 年版。

［46］［英］拉德克利夫－布朗：《社会人类学方法》，夏建中译，华夏出版社 2002 年版。

［47］［英］雷蒙德·弗思：《人文类型》，费孝通译，华夏出版社

2002年版。

［48］［英］马林诺夫斯基：《文化论》，费孝通等译，中国民间文艺出版社1987年版。

［49］［英］马林诺夫斯基：《西太平洋的航海者》，梁永佳、李绍明译，华夏出版社2002年版。

［50］［英］莫里斯·弗里德曼：《中国东南的宗族组织》，刘晓春译，上海人民出版社2000年版。

［51］［英］泰勒：《原始文化》，蔡江浓译，浙江人民出版社1988年版。

［52］［英］王斯福：《帝国的隐喻：中国民间宗教》，赵旭东译，江苏人民出版社2009年版。

［53］［英］约翰·斯科特：《社会结构》，允春喜译，吉林人民出版社2007年版。

三 学位论文

［1］董研：《村民行动与村庄扶序——河北乡村社区的实地研究》，博士学位论文，中央民族大学，2010年。

［2］何煦：《村落还是共同体吗？——基于浙江省越宅的个案研究》，博士学位论文，复旦大学，2014年。

［3］梁正海：《传统知识的传承与权力——以湘西苏竹人的医药知识为中心》，博士学位论文，中南民族大学，2008年。

［4］陆保良：《村落共同体的边界变迁与村落转型——基于一个城郊村的观察与思考》，博士学位论文，浙江大学，2011年。

［5］罗义云：《侗族社会结构与生存策略——桃源村的个案研究》，博士学位论文，中南民族大学，2012年。

［6］聂存虎：《古村落保护的策略与行动研究——以山西下州村乃例》，博士学位论文，中央民族大学，2011年。

［7］聂家昕：《山神崇拜与村落社会认同——关于一个跨族群"祭祀圈"的考察》，博士学位论文，上海大学，2007年。

［8］谭同学：《乡村社会转型中的道德、权力与社会结构——迈向"核心家庭本位"的桥村》，博士学位论文，华中科技大学，2007年。

[9] 王为径:《发展在村庄:历史与民族志视角下的农村变迁分析(1978—2013)》,博士学位论文,中国农业大学,2014年。

[10] 章伟:《失去农民的村庄:夏村叙事(1976—2006)——中国东南沿海村民的日常生活》,博士学位论文,华中科技大学,2008年。

后　　记

本书是在我的博士论文的基础上修改而成的。2011年，在进入中南民族大学工作之后的第五个年头，我又开始了新的学生生涯。和之前各个阶段的学业相比，这次注定是要成为最为辛苦的一次了。因为此时我已经不再是独自一人轻松上阵，而是拖家带口地在职求学。

回想在读博士的五年期间，发生了很多事情，对个人和家庭都是如此。对我而言最重要的变化就是成为父亲，孩子的出生虽然耗费了自己更多的心血，但是在这个过程中收获更多的是快乐；对家庭而言，感谢领导和同事们的关怀，爱人最终也调回武汉工作，从此摆脱了两地分居的不便。在自己求学和工作的过程中，需要感谢的人太多了。

首先最需要感谢的是恩师柏贵喜教授。本书的选题直接来自柏老师的课题，如果没有他的帮助，我真的无法想象如何完成自己的博士论文。柏老师几乎参与了文章从确定选题，到调研计划，最后到正式写作的整个过程，倾注了大量的心血。只是因为学生水平有限，总是不能充分领悟和吃透老师的意见，使得直至本书出版在各方面仍有所欠缺。

对我而言，柏老师亦师亦友，这样说不是因为和他在一个学院共事过，而是他在处理师生关系方面，确实没有架子，经常将自己摆在和学生平等的地位。即便如此，学生们却都很尊敬他。当然，柏老师对学问之事却又是十分严谨的，不论对学生还是自己都是如此。乃至在文章行将定稿之时，仍迟迟不敢和他联系，怕他提太多意见，而自己又无法完全达到他的要求。

当然，如果没有以下老师们的谆谆教导，我的学业也注定是要完不成的，他们是：段超教授、雷振扬教授、田敏教授、许宪隆教授、李吉和教授和孟立军教授。他们深厚的学术底蕴、严谨的治学态度和诲人不倦的教育理念，深深地影响着自己，我永远不会忘记。

同时，对中南民族大学民社学院尤其是社会学教研室的各位同事表达歉意和感激。在攻读博士学位的这段时间，大家为了照顾我的学业，默默地把帮我把原本应该由自己承担的工作完成了。我争取今后将会更多地为学院和教研室多做事以表达自己的谢意。

最后，对攻读博士期间的同窗好友一并致以崇高的谢意，如果没有他们的陪伴与鼓励，我不但有可能会半途而废，而且即便学有所成，也没有什么意义！

王振威

2018 年 5 月 14 日

于武汉南湖之滨